ENGAGEMENTS
Collection dirigée par
Emmanuel Hirsch

La survie
n'est pas la vie

Dominique Versini

LA SURVIE
N'EST PAS LA VIE

CALMANN-LÉVY

Ce livre est dédié :

À ma mère, qui disait que lorsqu'elle ne serait plus là
je n'aurais plus que mes yeux pour pleurer...

À Gaëlle et Matthieu, mes enfants,
parce qu'on avance mieux en connaissant l'histoire de sa
lignée.

À Jean-Pierre, mon mari,
qui m'a permis de comprendre les subtilités du travail social.

À Xavier Emmanuelli,
pour toutes ces réalisations communes.

À M. Jacques Chirac, président de la République,
qui a soutenu et porté la création du Samu Social
alors qu'il était maire de Paris.

1

UNE ENFANCE AU MAROC

Une terre de patriarches

À travers la montagne, une route sinueuse m'amène vers Cristinacce, près d'Evisa, un petit village corse où sont nés la plupart de ceux dont je porte le nom. Le paysage est d'une rare beauté. La montagne se découpe, majestueuse, au-dessus de la forêt d'Aïtone, une des plus belles de l'île, avec ses pins laricio. La mer miroite au loin. Un spectacle sauvage et splendide.

J'aperçois bientôt, au détour d'un virage, la quarantaine de maisons qui composent le village. Presque toutes restent vides pendant l'année, et ne sont habitées que durant les deux mois d'été. Aujourd'hui, Cristinacce, accroché au flan de la montagne, n'abrite plus que des souvenirs, ceux du temps où les murs résonnaient des rires des enfants. Sauf exception, la génération de mes grands-parents, et même celle de mes parents, ont disparu. Et quand ils viennent en Corse, nos enfants préfèrent passer leurs vacances au bord de la mer...

C'est pourtant vers ce village que je reviens toujours, comme en pèlerinage, rendre visite à mon grand-père. Dans le cimetière en pente, je déambule lentement à travers les allées, lisant les noms et prénoms de tous ceux qui reposent sous cette terre qu'ils ont tant aimée et qui ont tissé l'histoire de ma lignée ; le calme et la beauté du lieu confèrent à cette promenade dans les temps passés une émotion qui m'étreint plus encore lorsque j'arrive

11

devant la tombe du patriarche de ma famille, celui qui décida, d'une manière ou d'une autre, du destin de chacun de ses enfants.

Du mien aussi... même si je ne l'ai pas connu. Et pourtant, durant toute mon enfance, ma mère me parlait de lui, de ce père corse qui battait sa femme comme tant d'autres l'ont fait sur l'île, et qui ne se remit jamais de sa mort prématurée. Plus tard, quand il avait rejeté ma mère, enceinte sans être mariée, elle avait continué à l'aimer dans un curieux mélange de crainte et de tendresse. Mais en Corse, le poids de la tradition et de l'honneur était plus fort que tout, même l'amour. Ma mère le savait bien, et elle ne lui en a jamais voulu : c'était la loi du clan et il l'incarnait.

Lorsque je reviens sur la tombe de mon grand-père, c'est vers lui que je me tourne pour mieux connaître l'histoire de mes origines et pouvoir la transmettre à mes enfants. Je n'ai en quelque sorte pas eu de père présent dans ma vie, mais ma mère m'a quand même transmis une image paternelle, celle de mon grand-père, une image à la fois terrifiante et protectrice, celle du patriarche tout-puissant qui impose la loi la plus stricte.

Sur la tombe de cet homme devenu si inoffensif, je me mets à genoux, je nettoie le marbre et je redore les lettres laissées à l'abandon : « Ici repose Samuel Versini, décédé le 14.9.1962 à l'âge de 83 ans ». C'est une démarche d'amour que j'effectue, moi la petite-fille rejetée, peut-être la seule à venir encore jusqu'ici. Malgré son intolérance et l'ostracisme dont ma mère fut l'objet, je me reconnais de son histoire. Elle s'est transmise dans le mystère de l'inconscient et constitue une partie de ma richesse.

Et en renouant avec le culte des morts, si présent dans les traditions corses, je me sens en paix...

Expatriés en terre d'islam

Premier d'une longue lignée, Samuel Versini quitta la terre de ses ancêtres au début du siècle pour rejoindre un poste de commissaire de police au Maroc, alors sous protectorat français.

Sur son chemin, il rendit visite à une parente, veuve de guerre et directrice d'école à Constantine, en Tunisie ; celle-ci avait une fille âgée de seize ans et demi, Angèle. Samuel, qui n'était pas encore libéré des liens d'un mariage contracté très jeune au village, ne sut résister au charme et à l'intelligence de cette jeune pupille de la nation. Il l'enleva, dans la plus pure tradition corse, s'installa avec elle à Rabat et lui fit six enfants ; ma mère, Xavière, cinquième de la fratrie, naquit en novembre 1918.

Leur enfance se déroula au cœur de la médina de Rabat, dans un environnement culturel très particulier, car ils vivaient totalement en symbiose avec leurs voisins marocains dont ils partageaient le mode de vie. Durant les vacances, les filles étaient inscrites à l'école de couture et de broderie du quartier, les garçons allaient à l'école coranique avec leurs voisins ; ils étaient de ce fait totalement bilingues, au point que le directeur de l'école française où ils étaient inscrits durant l'année scolaire « alerta » un jour mon grand-père sur le fait que ses enfants parlaient mieux l'arabe que le français et qu'il était temps de les sortir de la médina s'il voulait qu'ils suivent une scolarité normale. Mon grand-père prit alors la décision d'acheter une maison dans la ville nouvelle de Rabat, près de la tour Hassan. Néanmoins, l'arabe resta la deuxième langue maternelle de ma mère et de ses frères et sœurs, la langue du pays qui les avait vus naître et qu'ils aimeraient toute leur vie.

Une année sur deux, ils partaient en vacances en Corse où, durant les mois d'été, ils réapprenaient à parler corse avec les enfants du village et avec un grand-père qui leur racontait l'histoire de ses ancêtres.

À Rabat, la vie de la famille était organisée comme au village ; mon grand-père, patriarche incontesté, dictait la loi de la famille... Les six enfants étaient impressionnés par cet homme sévère qui semblait tout-puissant. Ma mère, qui était pourtant sa fille préférée, craignait particulièrement ses menaces de châtiment, et elle me racontait souvent que, lorsqu'il s'approchait d'elle pour la corriger, elle faisait pipi dans sa culotte, ce qui le bouleversait à chaque fois et le faisait renoncer à appliquer sa sentence.

Ma tante Marie-Antoinette, plus téméraire et accumulant les exploits interdits, provoquait régulièrement son courroux. Elle me raconta qu'une fois, alors qu'elle avait fait le mur et rentrait tard dans la nuit, ses chaussures à la main, son père l'attendait dans sa chambre ; elle crut sa dernière heure arrivée, mais il la somma de se coucher et reporta l'inévitable « entretien » au lendemain ; l'angoisse ne la quitta pas jusqu'au moment où son père rentra dans la chambre au petit matin, une tondeuse à la main, et lui rasa la tête, pensant la dissuader de sortir. En réalité, il en fallait bien plus pour décourager cette jeune femme intrépide, qui lui en voulut longtemps de lui avoir infligé un châtiment si humiliant.

À l'âge de l'adolescence, la situation s'aggrava lorsque le père était absent, car le grand frère, en vertu du droit d'aînesse, se voyait revêtu du pouvoir paternel et devait surveiller ses sœurs, ce qu'elles vécurent beaucoup plus mal.

Tout ceci était finalement assez habituel, à l'époque et dans leur milieu, d'autant qu'ils vivaient en terre d'islam et que la culture locale érigeait en vertu suprême l'honneur des filles, et par là même celle de la famille.

Heureusement, ma grand-mère adoucissait la dureté des sentences par de petites connivences secrètes avec ses enfants, comme le font toutes les mamans dans les familles méditerranéennes. Elle appliquait la tradition ancestrale d'accueil et de générosité : la maison restait ouverte aux amis et tous ceux qui étaient en détresse pouvaient toujours trouver là un repas, une parole de réconfort, et des soins délivrés par cette mère de famille nombreuse qui répétait toujours à ses enfants « *aiutadi e poveri* », « il faut aider les pauvres » ; sa vie était en adéquation avec ce qu'elle avait toujours vu faire dans son enfance : issue d'une culture où le mépris de la race ou du statut social n'avait pas de place, elle appliquait naturellement l'Évangile à la lettre. L'autre était vraiment considéré comme un frère, et c'était là un héritage commun avec leurs amis marocains, musulmans pour la plupart, ainsi qu'avec la minorité de juifs vivant depuis des générations dans ce pays. Ils avaient tous appris à se tolérer et à se respecter, autour de cette valeur de fraternité.

La majorité de la société française d'alors portait un regard méprisant sur les Marocains colonisés, et considérés à ce titre comme inférieurs... Aucun, quasiment, ne parlait l'arabe, et ils mettaient même un point d'honneur à ne pas apprendre cette langue. La famille Versini ne pratiquait pas ces discriminations, sans doute du fait qu'elle avait vécu en réelle proximité avec les musulmans, dans la médina, et avait appris à travers l'apprentissage de la langue à reconnaître des caractéristiques culturelles qui n'étaient pas si éloignées des siennes.

L'appartenance à un clan très soudé autour de ses traditions d'origine excluait toute forme de racisme puisque, de toute façon, il n'était pas prévu de contracter de mariage en dehors du clan : l'autre, quel qu'il soit, et bien que frère, restait un étranger envers qui on pratiquait l'hospitalité et la solidarité, mais que l'on n'intégrait jamais dans la famille. Le patriarche veillait au respect de ces règles et prononçait les sentences en cas de transgression. Cette vision était commune à toutes les familles corses, musulmanes ou juives, et quand les enfants des différents clans souhaitaient se marier, les parents de tous bords se montraient alors tout à fait solidaires pour dire que leurs rejetons commettaient une erreur et pour s'y opposer de toutes leurs forces. C'est ainsi qu'il y avait dans de nombreuses familles des bannissements dont on parlait très discrètement...

Exclues du clan

Comme on l'imagine, la vie des femmes n'était pas facile dans une telle famille, plongée dans un pays où les autochtones vivaient protégées, voilées, cachées. Cha-

15

cune n'avait d'autre statut que d'être la fille ou l'épouse de quelqu'un ; dès qu'elle n'entrait pas dans cette case ou dans cette autre, elle devenait une fille perdue et se voyait chassée par son clan. Ainsi, si elle avait une liaison qui n'aboutissait pas à un mariage, ou si elle avait un enfant hors du mariage. C'est ce qui arriva à ma mère.

Elle s'appelait donc Xavière. Mariée trop jeune, elle s'était vite retrouvée divorcée, sans métier, une position fragile à cette époque pour une femme à qui nul ne s'était préoccupé d'assurer une formation professionnelle, puisqu'elle devrait compter sur le travail de son mari. Elle aggrava sa situation de femme divorcée en vivant ensuite dans l'ombre d'un homme marié. Enfin, elle défraya la chronique en s'affichant avec un homme plus jeune qu'elle de dix-huit ans, dont elle attendit très vite un enfant ; elle hésitait beaucoup à le garder ; sa situation de femme libre, de même que ses liaisons avec des hommes mariés, l'avaient déjà mise au ban de la société. Le statut de « fille-mère » ne pourrait que l'isoler davantage ; mais le jeune homme qui, dans l'enthousiasme de son amour, la suppliait de garder son enfant, lui rappelait malgré lui qu'elle menait une vie sans but.

Elle avait déjà eu une petite fille, laquelle avait maintenant quatorze ans. Mais au moment de son divorce, elle était si jeune et si immature qu'elle n'avait pas su se battre pour la garder ; elle n'avait même pas pris d'avocat et s'était laissé accabler de tous les maux. Son seul tort avait été de se montrer un après-midi, à la terrasse d'un café de Rabat, en compagnie masculine... Il en fallait peu, dans les années quarante, pour accuser une femme dont le mari était parti à la guerre... Elle avait réalisé trop tard qu'on lui ôtait son enfant. Elle avait supplié, tempêté, mais n'avait pas même obtenu de faire correctement appliquer son droit de visite ; elle avait fini par « oublier » qu'elle avait une petite fille, à qui on faisait croire que sa mère était incapable de l'élever.

Aujourd'hui, lasse du grand vide de son existence, utilisée par des hommes qui ne voyaient en elle qu'un bel objet d'amour que l'on achète et que l'on pare, émue par l'amour sincère de ce jeune homme qui lui faisait cadeau d'un enfant, elle voulait désormais voir sa vie prendre un autre sens.

C'est bien ce qu'elle fit, le 17 juillet 1954, en me donnant naissance. Quelques bonnes âmes, de sa famille ou même de celle du jeune père, que l'on avait fortement incité à s'engager dans l'armée afin de l'éloigner, lui proposèrent d'adopter l'enfant à condition qu'elle ne cherche plus à le voir ; elle les rejeta avec violence et décida de m'élever seule...

Du côté de sa famille, bien qu'elle ait eu alors trente-cinq ans, la règle s'appliqua à son cas avec la même sévérité aveugle que si elle en avait eu dix-huit : mon grand-père, qui aimait beaucoup sa fille, n'hésita pas à la chasser de son toit. Sous le regard des autres – ses amis, leurs relations, ses autres enfants –, il ne pouvait pas faire autrement.

Elle dut subir les pires humiliations, mais elle gardait la tête haute lorsqu'elle promenait mon landau sur l'avenue Mohammed-V, les Champs-Élysées de Rabat.

Une enfance bercée par les rituels

J'ai ainsi passé toute mon enfance au Maroc.

Ma mère avait trouvé un petit appartement près de la gare, rue de Fréjus, dans un immeuble où nous étions pratiquement les seules Européennes. Le mode de vie restait très communautaire, et j'étais à toute heure chez nos voisins marocains, surtout chez le gardien, Mohamed, et ses six enfants. Les aînés, Khadija, Brahim, Hajiba, furent les compagnons de mon enfance ; très libres, nous courions toute la journée dans les rues de Rabat. Pauvres, ils vivaient entassés dans deux pièces, dans la cour de l'immeuble ; mais je faisais partie de la famille et prenais part à toutes leurs fêtes, des moments extraordinaires, notamment l'Aïd-el-Kebir qui marque la fin du ramadan.

Pour nous, les enfants, l'excitation commençait bien avant la fête ! Le mouton arrivait quelque temps auparavant ; on jouait avec lui, puis venait le jour du sacrifice. Du palais royal, on entendait le canon tonner pour indiquer au peuple qu'il pouvait procéder au rituel ancestral. Les femmes mettaient du khôl dans les yeux du mouton et le parfumaient ; puis le boucher réalisait le geste « sacré », les youyous fusaient, et tout le monde était heureux. On mangeait de la bonne viande pendant quelques jours.

Je me revois, enfant, participant à la cérémonie, tremblante d'émotion – c'était tellement impressionnant – mais aussi fascinée et entraînée par l'allégresse ambiante. Je savais que j'étais une étrangère, ce n'était pas ma culture ; mais j'aimais ces gens, je parlais leur langue, je comprenais leurs coutumes. Pleins de générosité à mon égard, ils m'avaient adoptée et veillaient sur mon enfance ; nous étions frères et sœurs de cœur. Je respectais leurs rites comme ils respectaient les miens.

Lorsque j'essaye de retrouver des images de mon enfance, c'est eux que je vois, et c'est à eux que je pense, eux qui sont toujours là-bas...

Je revois aussi la petite église espagnole Saint-François-d'Assise, où j'ai reçu le baptême ; durant cette enfance, les rites religieux, musulmans et catholiques, rythmaient notre vie. Les horaires imposés par le ramadan, la fête de l'Aïd, Pâques, Noël, tout ramenait en permanence à la tradition et au religieux. Les appels du muezzin retentissaient plusieurs fois par jour ; les pratiquants s'arrêtaient alors au milieu de la rue pour faire leurs prières en direction de La Mecque, après avoir procédé à leurs ablutions avec l'eau du caniveau ; les chants du muezzin résonnaient dans les rues pendant le temps du ramadan. Le vendredi était jour de la prière à la mosquée, le samedi jour de shabbat pour les juifs et le dimanche jour de la messe pour les chrétiens...

Ma mère était croyante, mais elle n'allait plus à l'église. Elle se considérait comme interdite de séjour, et elle l'était à double titre : divorcée et fille-mère ; elle se croyait en état de péché mortel et je la vis pleurer durant tout l'office à chacune de mes communions. Pourtant, elle avait la foi du charbonnier, une confiance aveugle dans les desseins de Dieu. Elle pensait qu'il ne pouvait l'abandonner et disait souvent que « le bon Dieu donne toujours des graines pour nourrir les petits oiseaux »...

Elle tenait à ce que je reçoive une éducation religieuse et m'inscrivit au catéchisme, dispensé par les frères franciscains. Elle m'envoyait chez eux les yeux fermés, notamment chez le père François Danset, qu'elle connaissait depuis toujours et à qui elle confiait chaque matin sa « petite Dominique ». Au-delà des Commandements qu'il nous faisait apprendre par cœur, l'exemple de la vie de cet homme, inspirée de l'Évangile, a définitivement gravé en moi la confiance en l'être humain et la foi en un Dieu d'amour et d'espérance...

Le hasard fit qu'en 1994, quelques mois après la mort de ma mère, alors que j'errais comme une âme en peine dans le XIVe arrondissement de Paris, je suis entrée dans le couvent des franciscains de la rue Marie-Rose. J'étais à la recherche de mon enfance... J'ai découvert que mon vieil aumônier vivait là : âgé de quatre-vingt-quinze ans, très diminué physiquement, il avait gardé toute son intelligence et sa lucidité. J'ai pu l'accompagner un peu sur la fin de sa vie, et j'ai eu la joie de retrouver ainsi le bonheur de mes jeunes années. Comme je serrais très fort sa belle main de vieillard presque aveugle, devenu si fragile, je compris vraiment la force de cet amour qui le portait vers l'autre ; je fus bouleversée de voir ce grand croyant s'en aller vers la mort avec l'angoisse de ne pas avoir assez donné.

Au service de soins intensifs, où je suis allée le voir les derniers jours, j'ai compris que la vraie lignée était aussi celle-ci, celle du cœur : cet homme de foi, doté de grandes qualités d'éducateur, et conscient de l'importance de ce qu'il allait enseigner à travers le message des Évangiles à de jeunes êtres en devenir, avait su transmettre à l'enfant que j'étais le sentiment inébranlable que la vie a un sens. Ce sont des hommes comme lui qui font avancer l'humanité à petits pas et donnent aux autres la force de continuer...

19

Une vie de sacrifices

Ma mère avait dû se mettre en quête d'un travail pour nous faire vivre ; elle apprit à taper à la machine grâce à l'une de ses amies d'enfance, qui l'aida aussi à trouver une place de dactylo au bureau d'aide sociale de la province de Rabat, transféré quelques années plus tard à Kénitra. Alors qu'elle n'avait jamais travaillé et qu'elle avait vécu jusque-là une vie plutôt oisive et superficielle, elle se mit courageusement à l'ouvrage et devint très vite une collaboratrice hors pair du service, d'autant qu'elle avait l'avantage de parler couramment l'arabe aussi bien que le français.

Les indigents venant demander de l'aide avaient vite repéré cette Française blonde qui parlait parfaitement leur langue et qui les défendait avec cœur. Lorsque survenait quelque catastrophe naturelle, comme les grandes inondations de la région du Gharb, l'aide internationale était souvent détournée par les plus riches, qui se servaient en premier ; ma mère allait alors plaider la cause des plus pauvres qui avaient tout perdu ; et quand elle s'adressait aux responsables marocains, ces derniers – vestige du colonialisme ? – ne lui refusaient jamais rien. Mais il y avait beaucoup de misère dans ce pays ensoleillé.

Nous-mêmes n'étions guère riches mais, Françaises, nous n'avions pas le même statut. Si nous avions dû habiter en France, avec le salaire de ma mère, à peine l'équivalent d'un SMIC marocain, nous aurions été confrontées à la pauvreté. Pour ma part, je n'aurais peut-être pas été prise dans la même dynamique d'ascension sociale que celle qui s'offrait à moi à Rabat. Chacun sait que l'environnement social et culturel joue pour beaucoup dans l'évolution d'un enfant. Au Maroc, le seul fait d'être française me donnait accès à la fois à un enseignement de qualité dans les écoles de la mission culturelle française, et à des fréquentations scolaires parmi la meilleure société. En France, je n'aurais vraisemblablement connu ni l'un ni les autres.

Je reçus donc une excellente éducation. À partir du moment où elle avait pris la décision de m'assumer toute seule, ma mère avait changé sa vie du tout au tout ; elle fit le vide autour d'elle des hommes qui n'étaient que des amants sans avenir, et elle refusa toujours de m'imposer un autre père que celui qui m'avait donné naissance trop tôt dans sa vie pour pouvoir tenir une vraie place dans la mienne ; elle ne chercha jamais à le culpabiliser mais garda sa photo dans son portefeuille jusqu'au jour de sa mort.

Cette femme belle et adulée, couverte de bijoux et de fourrures par des hommes qui la désiraient, choisit de devenir une mère totalement dévouée à son enfant et de me consacrer le reste de sa vie. Elle fit sûrement de nombreux sacrifices, car elle s'arrangea pour que j'aie les mêmes facilités que mes camarades de classe, son seul but étant de me voir réussir dans mes études afin que je puisse vivre dans de meilleures conditions qu'elle ; elle était une répétitrice impitoyable et j'étais par la force des choses une excellente élève. Avec l'insouciance propre à la jeunesse, je n'ai compris qu'assez tard qu'elle se privait beaucoup ; j'avais bien repéré que ses talons étaient souvent éculés, ses collants filés, mais elle avait par ailleurs une élégance si naturelle, un tel charme, que tous en étaient éblouis, et qu'elle inspirait le respect.

Dans la vie quotidienne, nous vivions toutes les deux en totale symbiose et j'étais très heureuse ; nous n'étions pas reçues par la société française traditionnelle, qui tenait ma mère à l'écart, mais de mon côté j'avais de vraies amies dont les familles me recevaient avec beaucoup d'affection, d'une part parce que j'étais le genre d'élève sérieuse que l'on aime voir ses enfants fréquenter, et d'autre part parce qu'ils connaissaient tous les sacrifices que ma mère réalisait pour m'élever convenablement. C'est ainsi que les parents de mon amie Christine m'avaient un peu adoptée et me faisaient participer comme la seconde fille de la famille aux activités culturelles auxquelles ils inscrivaient leurs enfants. Petit à petit, des réticences se levaient devant ma mère et quelques personnes, comme le père de mon amie Chantal, osèrent lui tirer leur chapeau devant la qualité de l'éducation qu'elle me donnait et devant les résultats ; ce fut pour elle une forme de réhabilitation et plus tard, le jour où j'obtins mon baccalauréat, ma réussite était aussi la sienne.

Des nounous pas très présentables !

Ma mère a sans doute souffert de l'isolement familial et du mépris que les gens bien-pensants lui ont manifesté, mais elle regroupait autour d'elle une bande de copains très divers, allant de sa meilleure amie d'enfance, Jacqueline, greffière au tribunal de grande instance, qui habitait dans notre immeuble et lui était restée fidèle dans toutes les étapes de sa vie, à d'autres personnalités plus atypiques, à commencer par Mina, ma nounou. Le jour, Mina s'occupait de moi avec amour et dévouement, m'inculquant les bonnes manières. La nuit, elle vendait ses charmes aux jeunes coopérants français pour arrondir ses fins de mois. Elle fascinait mes yeux d'enfant car elle était décolorée en blonde, ce qui était très mal vu au Maroc, où l'on y voit un trait distinctif des femmes de mauvaise vie. De plus, elle s'était fait recouvrir toutes les dents d'or jaune, afin de placer son trésor de guerre en lieu sûr !

Je découvris ses activités nocturnes en laissant traîner mes oreilles de gamine tandis qu'elle se confiait à ma mère. Mais Mina rêvait surtout de partir du Maroc et de vivre en France, ce qui n'était pas facile, car il fallait un contrat de travail pour quitter le pays. Ma mère apprit qu'un de ses anciens directeurs, alors à la retraite, de retour dans sa Corse natale, cherchait une bonne à temps plein, et elle lui recommanda vivement Mina ; mais il ne s'agissait pourtant pas d'envoyer Mina avec le « look » qu'elle avait. Pour les dents en or, on ne pouvait plus faire grand-chose. Mais pour les cheveux blonds, Mina devrait faire des concessions. Maman la teignit en brune, et lui expliqua les bonnes manières qu'elle devrait acquérir pour travailler dans une maison sérieuse.

D'autres difficultés contrecarraient ce projet. Mina n'avait pas de papiers. Il fallut lui en faire faire. Elle n'avait pas d'état civil, elle ne savait pas quand elle était née. Il fallut trouver des témoins, bien évidemment faux, pour assurer qu'ils savaient qu'elle était née à telle date, dans telle rue, et qu'ils la connaissaient depuis toujours. Avec ses relations, maman lui obtint un passeport. Il fallait par ailleurs posséder un contrat, et passer une visite médicale où l'on s'assurerait que la personne n'avait aucun problème de santé, notamment de syphilis. Ma mère n'était guère rassurée du fait des activités annexes de Mina jusqu'au jour où, montant les escaliers quatre à quatre, celle-ci nous annonça qu'elle avait passé la visite avec succès.

J'avais huit ans ; je perdais ma nounou et la drôlerie qu'elle apportait dans notre vie. Elle partit donc travailler en Corse. Tout se passa bien pendant quelque temps. Mais la nature reprit le dessus. Mina recommença à faire la belle auprès des Corses du village, et redevint blonde ! Elle dut quitter cette maison, puis travailla dans un hôtel...

Lorsque ma mère est décédée, en 1994, j'ai voulu retrouver Mina et je suis allée la chercher en Corse. En me reconnaissant, elle est tombée dans mes bras. Elle vivait dans des baraquements, mais elle m'a tout de suite dit : « Regarde, j'en ai plein, d'argent ! » Elle me montra effectivement de grandes quantités de bijoux. Elle avait par ailleurs placé de l'argent pour s'acheter une maison au Maroc, et devait y retourner bientôt ; la chance m'a permis de la voir quelques mois avant son départ. Elle vit aujourd'hui dans sa maison à Salé, sa ville natale.

Ma mère avait aussi une bande de copains, qu'elle avait connus du temps de sa vie oisive et qui lui étaient restés fidèles, notamment plusieurs homosexuels qui ne cachaient pas leurs préférences et dont maman était à la fois la confidente et la coiffeuse. Durant les après-midi de week-end, elle les teignait en blond et leur faisait des brushings avant qu'ils aillent draguer en ville.

Au sein de cette bande d'amis un peu marginaux et exclus de la bonne société que je fréquentais de mon côté à l'école, ma mère était vénérée, car elle avait un charisme extraordinaire. Elle savait s'occuper de chacun, l'écouter et le consoler dans sa détresse. Elle avait une capacité extraordinaire à materner tout ce petit monde et tous se montraient pour moi comme autant de protecteurs, des personnes aimantes, qui m'entouraient ou me gâtaient, tout en m'inculquant paradoxalement des principes de la plus grande rigueur. J'étais un peu celle qui devait racheter, laver l'honneur de chacun. À commencer par celui de ma mère, bien sûr. Elle aurait pu être une héroïne extraordinaire pour un film d'Almodovar...

Face à la misère

Petit à petit, mes yeux d'enfant, protégés par l'amour absolu que me vouait ma mère et le cocon qu'elle avait tissé autour de moi, se sont ouverts sur une autre réalité, une réalité à laquelle jamais je n'ai réussi à m'habituer, celle de la misère. La pauvreté faisait partie de la vie quotidienne au Maroc, où la majorité des habitants était réduite à l'indigence. La mendicité était un phénomène si répandu que plus personne ne regardait ces pauvres hères qui suppliaient au nom de Dieu ; c'est tout naturellement que tout le monde les renvoyait à la formule consacrée : « Dieu te le donnera, mon frère. » Le malheureux n'avait plus qu'à dire « merci, mon frère » et poursuivre sa litanie auprès des autres passants.

La misère des bidonvilles était impressionnante ; les familles s'entassaient dans des abris précaires faits de bric et de broc. La saleté régnait ; les maisons étaient insalubres, et pourtant les enfants étaient beaux, rieurs, espiègles. Libres d'aller et venir, ils jouaient au foot avec de vieux ballons crevés, se fabriquaient des jouets de fortune et s'agglutinaient, le nez coulant de morve, auprès des touristes qui, de guerre lasse, finissaient par leur donner quelques pièces. Les enfants des cinq continents ont les mêmes grands yeux ronds, un regard à la fois étonné et plein d'espoir. Ils ont le monde à conquérir et à transformer ; mais ils n'y arriveront pas tous.

Dans le même temps, nous vivions nous-mêmes très simplement. Maman me disait souvent que nous étions pauvres. Je n'aimais pas l'entendre parler ainsi : je voyais tant de mendiants dans les rues que je n'arrivais pas vraiment à la croire, d'autant que, comme sa mère l'avait fait avant elle, elle passait son temps à aider les plus démunis.

Tous nos voisins qui n'avaient pas assez d'argent pour aller chez le médecin venaient d'abord la voir poser un premier « diagnostic ». Il faut rappeler que, au Maroc, dans les années 50 à 70, les soins coûtaient très cher, et seuls ceux qui avaient des moyens pouvaient y accéder. Les médecins installés en ville dans des cabinets très chics soignaient essentiellement la bonne société française ou les riches Marocains. Pour tous les autres, il y avait des dispensaires et l'hôpital, où il fallait attendre des heures entières, et quelques rebouteux du cru. Les gens les plus simples recouraient systématiquement aux services de ces derniers qui pratiquaient une forme de médecine traditionnelle à base de plantes mais qui donnaient parfois des conseils aux conséquences redoutables.

Notre concierge Mohamed venait d'avoir un bébé, d'apparence assez souffreteuse. Il décida de consulter le rebouteux du coin, le *fquih*, qui lui dit : « Ta fille est pourrie, *ben't zbella*, c'est la fille des ordures, pour la soigner il faut que tu la ramènes sur les ordures et elle guérira. » Au petit matin, les éboueurs de la ville découvrirent un tout petit bébé installé sur la poubelle de l'immeuble. Mohamed dut passer devant un tribunal, mais il fut relaxé, car ma mère témoigna en sa faveur : il était simple, et il avait eu une foi absolue dans les conseils du rebouteux. Tout le monde savait bien que, s'il avait pu voir un médecin, il n'aurait pas eu les moyens d'acheter les médicaments nécessaires. Ma mère s'occupa beaucoup de cette petite fille, qui garda de son séjour dans les poubelles une santé assez précaire.

Je me rappelle également le marchand ambulant qui proposait ses légumes de maison en maison. Quand il passait chez nous, il ne manquait jamais de demander à ma mère quelque conseil concernant sa femme ou ses enfants. Elle allait aussitôt fouiller dans sa pharmacie personnelle, qui comptait de nombreux médicaments permettant de faire face à toutes les petites maladies de l'enfance. Elle y trouvait toujours un collyre ou une pommade, ou faisait un pansement.

Dès que quelqu'un, notamment un enfant, souffrait de quelque chose dans l'immeuble, c'est elle qu'on appelait d'abord. Elle avait le bon sens d'une mère de famille et elle savait donner l'alerte quand il le fallait. C'est ainsi qu'elle sauva le petit dernier de nos amis gardiens qui étaient partis en vacances dans le bled ; au retour d'un long séjour de deux mois, elle fut appelée un soir auprès du petit Hassan. Avant ses vacances, il était un magnifique bébé plein de vie, et elle le retrouva complètement amaigri, amorphe, le regard fiévreux. Elle le déshabilla et découvrit qu'il n'arrivait plus à déplier sa petite jambe ; au milieu de pleurs et de souffrances, elle s'aperçut que cet enfant souffrait d'un triple anthrax qui était en train de ronger l'intérieur de son genou ; il fallait le traiter immédiatement.

Il était tard, aucun médecin ne viendrait soigner l'enfant d'un pauvre concierge marocain qui ne pourrait pas payer ; l'hôpital ne l'accueillerait pas mieux. Elle enveloppa donc le bébé dans une couverture et, accompagnée de Mohamed, alla frapper à la porte du pédiatre français qui me suivait. Celui-ci s'apprêtait à sortir avec son épouse. Elle les trouva en tenue de soirée, très chics, lui dans son smoking, elle dans sa robe longue. Jamais ce médecin n'aurait soigné cet enfant de pauvre si la présence de ma mère ne lui avait pas fait honte de son premier mouvement de rejet. Il examina le bébé sans trop le toucher et, l'air dégoûté, car l'odeur de l'infection était forte, prescrivit une ordonnance ; ma mère courut chez la vieille infirmière de la ville pour faire administrer au bébé une première piqûre d'antibiotiques. Par la suite, elle lui refit ses pansements tous les jours jusqu'à guérison complète.

Face à la misère et à l'injustice, je voyais son courage à ses actes. Elle défendait les pauvres, les petits, ceux qui n'osaient rien demander, qui étaient rejetés de partout ; pour trois poignées de farine, ils devaient s'abaisser à baiser la main d'un fonctionnaire subalterne, et ramper devant lui pour obtenir le moindre tampon sur un papier...

Le fait d'être française et d'avoir une parfaite éducation dans les deux langues lui ouvrait presque toutes les portes. Mais en cas de besoin, qui nous défendrait, nous ? Je commençais à comprendre que certaines facilités nous demeuraient bel et bien inaccessibles ; je voyais bien que mes camarades de classe vivaient dans un climat plus insouciant. Leurs parents avaient de grosses voitures, elles habitaient dans de grandes maisons remplies de nombreux domestiques, mais curieusement, elles ne parlaient pas un seul mot d'arabe ; elles vivaient dans ce pays sans en percevoir le sens, sans en comprendre les coutumes, sans en aimer les gens ; elles n'étaient que de passage pour la plupart, leurs parents ayant un contrat de deux ou trois ans. Elles repartiraient d'ici avec pour seuls souvenirs le soleil et la plage.

Pour ma part, je ne connaissais que ce pays, que j'aimais autant que la France mythique dont maman me parlait comme de la terre promise, mais où je n'étais jamais allée. Pour l'instant, mon seul repère dans l'existence était ma mère. Que m'arriverait-il si elle venait à disparaître ? Je tâchais de chasser cette question de mon esprit, mais ma peur était permanente, même si elle ne fut jamais exprimée. Je savais que je n'étais pas dans la même situation que les autres enfants de mon âge...

Aujourd'hui, lorsque je vois un grand nombre de nos

concitoyens vivre dans la précarité, lorsque je rencontre une maman seule avec ses deux enfants, mon cœur se serre, et je sais l'angoisse qu'elle peut ressentir face à l'avenir de ses enfants. Je sais l'immense désarroi que vit celui qui est isolé dans la ville, sans lien, sans soutien ; je sais l'humiliation que ressent celui qui ne peut gagner dignement son pain quotidien ; et lorsque je vois que l'on condamne une mère qui a volé de la viande pour nourrir ses enfants, au fond de moi je sais que la mienne n'aurait pas hésité à le faire...

Du Maroc et de ces années d'insouciance, bercées par la tradition et l'évidence du sens, je ne peux oublier l'extraordinaire dignité de ceux qui m'ont vue grandir. La femme adulte que je suis devenue a gardé le regard interloqué que l'enfant posait sur la misère qui touchait une grande partie de la population : ma mémoire est peuplée de corps déformés, de visages suppliants, de mains qui se tendent vers les passants. Des êtres résignés : « C'est Dieu qui l'a voulu », disent-ils. Je ne comprenais pas pourquoi Dieu voulait tout cela. La culture ambiante permettait de surmonter ces rencontres : le fatalisme inculqué dès la naissance répétait en litanie que, de toute façon, Dieu décide de tout et que chacun doit subir son destin. Et puis il y avait ces paroles rituelles, de fraternité et de réconfort : « Dieu te le donnera, mon frère », ces quelques mots, machinalement prononcés, qui permettaient à l'autre d'exister comme frère dans l'humanité. Il y avait au moins des rites qui permettaient au pauvre de trouver sa place dans un monde habité de signes, un monde où il comprenait que sa vie avait aussi un sens. Le faisant exister, nous existions aussi.

Bien des années plus tard, alors que je travaille auprès des plus démunis au Samu Social de Paris, je constate que ces codes de mon enfance, qui donnaient des repères à tous, n'ont plus cours dans la France des temps modernes. On a peu à peu remplacé le mot de fraternité par une solidarité institutionnelle gérée par des individus installés derrière des guichets qui s'adressent plus à des cas sociaux qu'à des frères en humanité. Aujourd'hui, pauvreté rime presque toujours avec exclusion, et plus personne ne sait comment expliquer aux enfants leur place dans la société.

2

L'OUBLI DES RACINES

Rapatriées

E n septembre 1972, une fois mon bac en poche, nous quittâmes définitivement le Maroc, pour que je puisse poursuivre des études supérieures en France. Ma mère abandonna tout, travail et amis, pour m'accompagner en région parisienne et veiller à la bonne marche de mes études. À cinquante-quatre ans, elle n'hésitait pas un instant à reconstruire une nouvelle vie.

Heureuses de gagner la France, nous l'avions parée de toutes les vertus. Pour ma part, j'étais toute à l'excitation de mes perspectives universitaires, et au moment du départ, je ne pensais guère à ce pays qui avait abrité toute mon enfance, mais plutôt, comme toutes mes copines de classe, françaises ou marocaines, qui venaient en France pour les mêmes raisons que moi, aux semaines qui allaient suivre, à la découverte de la fac et à toutes les activités culturelles que j'allais pouvoir découvrir dans une ville aussi mythique que Paris.

De plus, nous quittions le Maroc alors que le pays traversait une crise et que régnait une atmosphère de vive inquiétude ; les attentats s'étaient multipliés contre le roi Hassan II ; l'été précédent, au palais d'été de Skhirat, il avait réchappé à l'un d'eux, mais de nombreuses personnes avaient trouvé la mort – notamment l'ambassadeur de Belgique au Maroc, dont la fille se trouvait en classe avec moi, et le chirurgien du roi, patron de la clinique

31

Dubois-Rogbert, que tout le monde connaissait là-bas. Suite à cet attentat sanglant, de nombreux opposants avaient été exécutés, mais le peuple marocain continuait à vénérer ce roi qui avait, semble-t-il, une réelle baraka.

Le mois d'août 1972 en avait fourni une preuve éclatante. De retour de France, son avion fut attaqué en vol par des chasseurs de l'armée de l'air marocaine. Mais le roi s'en sortit à nouveau. Je me trouvais à ce moment-là sur l'avenue Mohammed-V lorsque nous entendîmes des crépitements violents qui provenaient de l'aéroport de Rabat-Salé. L'avenue se vida d'un seul coup et je me hâtai comme chacun de rentrer chez moi ; la radio libyenne diffusait des messages annonçant la mort du roi et destinés à paniquer la population marocaine ; mais mes proches voisins, chez qui je me précipitai, n'avaient aucune réaction, ni positive, ni négative ; ils semblaient indifférents et fatalistes ; quant à moi, je tremblais pour ma mère qui se trouvait quelque part sur la route de l'aéroport, entre la ville de Kénitra où elle travaillait et Rabat.

J'étais seule à la fenêtre, guettant l'arrivée de cette maman qui était mon seul repère au monde. Je tremblais, comme je l'avais fait tout au long de mon enfance : si ma mère venait à disparaître, qui s'occuperait de moi ? En ce jour de 1972, le problème m'apparaissait pourtant de façon moins aiguë : j'avais dix-huit ans, mon baccalauréat en poche, une bourse obtenue par l'intermédiaire de l'ambassade de France et une inscription à la faculté de droit de Nanterre...

Elle arriva bientôt, blonde, souriante, lumineuse ; elle n'était au courant de rien mais s'était étonnée de trouver la ville si vide à cette heure de l'après-midi. De toute façon, elle connaissait bien ce pays, sa culture, ses mœurs, et elle avait intégré depuis sa naissance le même fatalisme que la population locale.

Pendant ce temps se jouait le destin d'une autre jeune fille de mon âge, qui était au lycée Lalla-Aïcha la même année que moi et s'appelait Malika Oufkir. Enfant gâtée de l'un des hommes les plus puissants du Maroc, promise par sa naissance à toutes les facilités de ceux à qui la vie a souri, elle m'impressionnait beaucoup, car elle avait tout d'une princesse ; j'enviais secrètement cette légèreté qui se dégageait d'elle ; je ne savais pas que le roi, trahi par le père de Malika, allait se venger de façon si cruelle sur sa femme et ses six enfants, faisant basculer leur destin dans l'oubli.

Lorsque j'ai lu *La Prisonnière*, ce livre qui retrace leur détention [1], un certain passé a resurgi. Je me suis soudain rappelé le sentiment de peur, diffuse et permanente, qui a bercé mon enfance ; les gens redoutaient de parler de politique : critiquer le régime, et plus encore le roi, pouvait conduire immédiatement celui qui s'y hasardait à de graves ennuis ; pour les étrangers, c'était la reconduction immédiate au premier avion en partance.

À cette époque, je n'avais pas eu l'occasion de me forger un début de conscience politique. D'ailleurs, nous vivions en milieu fermé, et l'on ne parlait jamais de tous ces sujets. Mais j'avais déjà compris que ce pays que j'aimais tant renfermait de nombreux et peu avouables secrets ; que la beauté des paysages contrastait avec la misère du peuple comme avec la morgue des puissants.

Je m'étais toujours sentie révoltée face à l'impuissance des humbles, qui doivent se plier, se mettre à genoux devant les plus forts, leur baiser la main avec respect... Toute ma vie, je me rebellerais contre l'humiliation que l'on fait ressentir à celui qui, par la naissance, n'a d'autre choix que de se plier.

Mais en septembre 1972, je voulais précisément oublier tout cela et regagner mon pays, la France, ce pays des droits de l'homme où rien de toute cette injustice ne pouvait se concevoir. C'est pourquoi j'étais contente de partir... Nous avions le statut de rapatriées mais, pour moi, c'était ma première vraie rencontre avec mon pays. Jusqu'à présent, je ne connaissais que la cérémonie du 14 juillet à l'ambassade de France, et les larmes de ma mère en entendant *La Marseillaise* devant le drapeau tricolore.

1. *La Prisonnière*, Malika Oufkir et Michèle Fitoussi, Grasset, 1999.

Cette France dont j'avais tant rêvé, j'allais enfin la découvrir.

Le temps que ma mère trouve un travail et un logement pour nous deux, je logeais dans une petite chambre d'étudiant, sur le campus de la faculté de droit, à Nanterre. J'eus un premier choc en découvrant ces grands bâtiments gris, installés au milieu d'une zone totalement inhospitalière.

Je garde un souvenir brouillé de cette période : sans doute devais-je assimiler trop de choses à la fois. Tous les repères de mon enfance avaient disparu d'un seul coup, à commencer par le soleil et la lumière. Mais il me semblait en même temps que la vie s'ouvrait devant moi. De plus, les études de droit me passionnaient. La discipline juridique était parfaitement adaptée à l'adolescente que j'étais encore, éprise de justice et d'idéal. Je découvrais la démocratie, la liberté de parole ; je m'apercevais que mes camarades de fac avaient une conscience politique que je n'avais pas. Ils manifestaient en permanence leur mécontentement par des grèves à répétition. Moi qui découvrais la France, je ne comprenais rien à leurs combats ; partout où j'allais, je constatais l'opulence des magasins, l'élégance et la légèreté des passants ; nulle misère, nulle mendicité, nulle terreur comme dans les regards qui avaient accompagné mon enfance.

En cette période de pleine croissance, le spectre du chômage n'existait pas : les étudiants ne s'inquiétaient pas de leur avenir professionnel. Ils manifestaient joyeusement, dans l'insouciance. Moi qui venais d'un pays où personne n'osait rien contester, comment aurais-je pu me sentir solidaire des causes qu'ils défendaient ? J'avais envie de leur dire que la France était un pays merveilleux, dans lequel on pouvait nourrir tous les rêves, vivre dignement, parler librement... Après dix-huit années de l'autre côté de la Méditerranée, je n'étais pas sur la même longueur d'ondes. J'en étais seulement à découvrir l'étendue de mes droits de citoyenne.

La première année fut quand même difficile. Ma mère trouva immédiatement un emploi de dactylo à Asnières, malgré ses cinquante-quatre ans. Une de ses amies d'enfance l'hébergea à son arrivée, mais la promiscuité devint vite difficile et, se retrouvant sans domicile, elle s'installa dans ma petite chambre d'étudiante à Nanterre. Le soir, lorsqu'elle rentrait du travail, nous organisions une petite dînette, puis installions le lit de camp sur lequel elle dormait. Cette entorse au règlement n'était possible que grâce à la complicité des femmes de ménages de la cité universitaire. Elles avaient bien vite découvert que la personne qui partageait ma chambre était ma mère, et non un petit copain.

Malgré ces conditions, l'enthousiasme que créèrent en moi la découverte de la vie étudiante et la naissance de nouvelles amitiés surent atténuer la difficulté de ces moments ; mais pour ma mère, ces mois parurent sans doute lourds d'angoisse et d'incertitude. Heureusement, en juillet 1973, un an après notre arrivée, un appartement de deux pièces nous fut enfin attribué dans une HLM toute neuve à Gennevilliers.

Nous étions si heureuses que tout trouvait grâce à nos yeux ; le quartier, qui abritait une importante population d'origine maghrébine, ne nous posait pas de problème ; au contraire, c'était un bonheur de retrouver les petits épiciers marocains, les bouchers aux devantures remplies de pieds et de têtes de moutons, de découvrir le marché de Gennevilliers, qui ressemblait si bien à un souk marocain, où l'on pouvait trouver toutes les épices orientales et entendre parler arabe comme au pays.

Une nouvelle vie commençait...

La revanche sur le destin

Vingt ans ont passé, pendant lesquels je n'ai revu ni le Maroc ni mes amis marocains. Vingt ans pendant lesquels j'ai oublié la pauvreté, la misère...

Après mes études de droit, je suis entrée à Sciences-

Po, où j'ai découvert un nouvel environnement d'étudiants très engagés en politique. J'ai participé à diverses réunions, sans y trouver la motivation profonde que nécessite le vrai militantisme. J'étais encore trop en symbiose avec ma mère, et mon désir était de la récompenser de tous les sacrifices qu'elle avait réalisés pour moi ; je voulais qu'elle soit fière de moi, et cela passait par le succès professionnel. Ma réussite était la sienne. C'était sa revanche sur le destin.

Je me passionnais pour les différentes études que j'avais décidé d'entreprendre, mais je retardai de quelques années mon entrée dans la vie active en me mariant à la fin de mon cursus à un ami d'enfance. J'eus avec lui deux enfants, Gaëlle et Matthieu. Pendant quatre ans, je décidai de m'accorder un temps de pause et je les regardai grandir, émerveillée d'avoir pu donner naissance à ces deux petits êtres plein de tendresse qui héritaient d'une lignée maternelle hors norme. Lorsque je divorçai d'avec leur père, ma mère s'installa chez nous à quasi plein temps pour veiller sur eux et me permettre de mener ma vie professionnelle sans inquiétude.

J'avais choisi de m'orienter vers l'entreprise, dont le mode de fonctionnement me paraissait plus excitant que celui de l'administration, et j'entamais en 1983 une carrière dans l'industrie pharmaceutique, qui était en pleine expansion.

Malgré tous mes diplômes, je commençai au bas de l'échelle, dans un petit laboratoire créé par deux frères autodidactes nés dans une famille juive originaire d'Égypte. Anciens visiteurs médicaux, ils avaient réussi à une époque où ceux « qui en voulaient » pouvaient le faire. L'un se consacrait surtout au développement et à la recherche, l'autre assurait le management des hommes et de l'entreprise. J'aimais travailler pour cet homme qui savait évaluer au premier coup d'œil le potentiel de ses collaborateurs et leur donnait une chance de prouver leur valeur ; il nous apprenait le goût du défi, le sens du combat et la persévérance ; très vite, il avait repéré que je

36

promettais d'avoir ces qualités, et me confia des responsabilités dans des domaines divers.

J'appréciais l'ambiance de l'entreprise, car le patron jouait le rôle du patriarche et restait très proche de ses collaborateurs, allant jusqu'à les soutenir dans les moments difficiles de leur vie personnelle. L'ambiance était assez extravertie, cris, rires, portes qui claquent, et surtout très chaleureuse, ce qui me donnait l'impression d'avoir retrouvé une grande famille.

Le monde du travail me plaisait et je me familiarisai rapidement avec toutes les facettes de la vie de l'entreprise, et particulièrement ce qui fait le nerf de la guerre : la commercialisation des produits. Dans l'industrie pharmaceutique, toute l'activité, si elle est forcément commerciale, est tournée vers l'amélioration de la santé de nos concitoyens. Or, qu'est-ce que la santé ? Selon la définition de 1946 de l'Organisation mondiale du même nom, l'OMS, « la santé est un état complet de bien-être physique, mental et social, qui ne consiste donc pas seulement en l'absence de maladie ou d'infirmité ». Dans les années 80, la notion avait évolué, et certains rapports définissaient par exemple la santé comme « un état physique et mental exempt de gêne et de souffrance, qui permet à l'individu de fonctionner aussi efficacement et aussi longtemps que possible, dans le milieu où le hasard et le choix l'ont placé ».

Dans le même temps, au moins à partir des années 60, la recherche avait accompli de singuliers progrès et de nombreuses spécialités médicales avaient fait leur apparition. Parallèlement, l'industrie pharmaceutique avait connu sa pleine éclosion, bénéficiant de cette dynamique d'un mieux-être maximal pour nos concitoyens. Grâce à ses troupes de visiteurs médicaux, elle permettait de faire arriver la connaissance des améliorations scientifiques et des nouveaux traitements jusqu'aux cabinets des médecins généralistes. Ceux-ci, débordés par les demandes de toutes sortes dont ils étaient la cible de la part de leurs patients, n'avaient pas toujours le temps de remettre à jour leurs connaissances, et l'industrie pharmaceutique leur permettait aussi de participer à des congrès scientifiques au cours desquels était fait le point sur l'évolution de la recherche.

À la demande de mon patron, je créai ainsi le département des congrès médicaux et j'organisai des rencontres internationales avec d'éminents chercheurs français et étrangers venus présenter aux médecins intéressés leurs travaux. Je me passionnais pour ces échanges tandis qu'auprès de cet exceptionnel capitaine d'industrie, j'apprenais l'essentiel de la vie d'une entreprise, de la négociation à l'organisation... Toutes connaissances qui m'ont servi plus tard...

Après quelques années dans cette première société, j'intégrai un grand laboratoire français, comme responsable du département de communication internationale. C'était, dans la branche que j'avais choisie, une marque indiscutable de réussite.

Mon nouveau patron était très différent du précédent : à la fois médecin et pharmacien, son caractère le portait plutôt à se montrer austère, rigoureux, exigeant. Sa réussite était celle d'un « enfant du pays » de la région d'Orléans qui avait créé trente ans plus tôt un tout petit laboratoire devenu un véritable groupe international ; cette réussite exceptionnelle tenait au fait qu'il possédait une vraie vision de la santé et qu'il avait toujours misé sur la recherche, à laquelle il consacrait une part importante de son chiffre d'affaires ; de plus, c'était un humaniste qui savait gérer et respecter les hommes et les femmes qui travaillaient avec lui : de nombreux collaborateurs des premiers temps étaient encore dans l'entreprise et occupaient des postes stratégiques. Quant aux nouveaux qu'il ne pouvait plus recruter lui-même, il tenait à les saluer personnellement, quelle que soit leur place dans la hiérarchie, au cours d'un petit déjeuner d'accueil. C'est à ces petits détails que l'on prend conscience de la considération qui vous est donnée dans une entreprise. J'ai profondément aimé travailler dans cette ambiance respectueuse de l'être humain en général et des patients pour le bien-être desquels nous développions une recherche permanente.

Lorsque je vois qu'aujourd'hui certains idéologues de mauvaise foi font de l'industrie pharmaceutique dans son ensemble le bouc émissaire de la faillite de la Sécurité sociale, au lieu de mettre à plat tout le dispositif hospitalier, la formation des étudiants en médecine et la place de l'homme dans la société, je crains que l'on revienne à une vision minimaliste de la santé, où le confort réel procuré par certains médicaments ne sera plus accessible qu'à ceux qui en ont les moyens.

Grâce aux fonctions que j'occupais, je participais à tous les congrès mondiaux dans les disciplines où nous effectuions des recherches et je visitais de nombreux dispositifs de soins et de recherche. J'avais l'impression d'être dans une dynamique de découvertes et de progrès incessants au profit de l'humanité. Je voyageais sans cesse de par le monde et, tout en étant fière de représenter la France à travers les recherches de notre laboratoire, je découvrais l'Europe, l'Asie, les États-Unis...

En déplacement permanent, étourdie par les décalages horaires, l'émerveillement des rencontres et des découvertes aux quatre coins du monde et le succès que je connaissais dans mes activités professionnelles, j'oubliais les vingt premières années de ma vie...

Une rencontre qui va compter

À la fin des années 80, j'avais rencontré Xavier Emmanuelli par l'intermédiaire d'amis communs. Il véhiculait l'image sympathique du médecin sans frontières, du baroudeur plongé dans l'action humanitaire, du *french doctor* qui parcourait le monde. Mais je fis vraiment sa connaissance dans le contexte professionnel quand il me proposa de mettre en place et d'organiser avec lui un centre de vidéotransmissions chirurgicales à l'hôpital-école de la Croix-Rouge française, situé dans le XIIIᵉ arrondissement...

C'était les tout débuts de l'organisation des vidéotransmissions. Il s'agissait surtout de faciliter l'enseignement des étudiants grâce à cette nouvelle technologie, alors spectaculaire et innovante. L'hôpital-école des Peupliers avait rénové tout son plateau technique et créé douze blocs opératoires ultra-modernes. Le directeur de l'époque, un homme atypique, avait décidé de les équiper de caméras vidéo reliées à une régie, ce qui permettait non seulement de diffuser en direct toute intervention de l'un des chirurgiens de l'hôpital sur un grand écran situé dans une très belle salle de conférences, mais également de la projeter par satellite n'importe où dans le monde. L'idée était de permettre aux étudiants présents de pouvoir assister aux interventions en direct, poser des questions au chirurgien, et bénéficier d'un enseignement vivant.

À titre de démonstration, nous avons par exemple organisé une émission en triplex, entre Paris, le Gabon et le Canada, sur le thème de la stérilité ; sur chacun des trois sites, une intervention avait lieu, commentée par les médecins et les chirurgiens qui pouvaient dialoguer par-delà les océans. Une prouesse technique assez exceptionnelle, qui rendait concrète l'idée d'un enseignement médical à distance sérieux : c'était la première fois que les médecins français, africains et américains pouvaient assister en même temps au même enseignement post-universitaire par voie hertzienne. Au-delà de la performance technique, c'étaient les prémices à la création d'une chaîne thématique spécialisée dans l'enseignement et la formation pour les professions médicales et paramédicales. Les téléspectateurs et les étudiants en médecine avaient pu assister pour la première fois en direct sur FR3, le 3 décembre 1987, à la diffusion d'images superbes en direct du corps humain.

Cette période expérimentale au cœur des nouvelles technologies de communication dura une année. Après cet épisode, Xavier Emmanuelli prit les fonctions autrement plus austères de médecin-chef à la prison de Fleury-

Mérogis. Je ne travaillais plus avec lui, mais restais en contact, déjà liée par l'amitié. Il était également à cette époque président d'honneur de Médecins sans frontières, et partait régulièrement en mission aux quatre coins du monde. À son retour, il nous racontait...

À Fleury, il n'a pas tardé à se battre pour la santé des détenus. Il dénonça ainsi les plus gros problèmes concernant le dépistage et le suivi des soins des détenus séropositifs ou atteints du sida.

Le problème était simple : il n'y avait pas de budget spécifique à la santé des détenus ; le personnel médical et infirmier était payé par l'administration pénitentiaire et ne dépendait pas d'un hôpital. Remuant comme un beau diable les administrations, il réussit à obtenir la présence d'une consultation très spécialisée – celle du professeur Gentilini – pour que tous ceux qui sortaient de détention continuent à être suivis dans un service référent où ils auraient un dossier médical. Il fut le premier à s'en préoccuper et, au bout de cinq ans, eut la satisfaction de voir son action aboutir au vote de la loi de 1994, qui a changé l'organisation de la santé dans les prisons : un budget spécifique est identifié et c'est l'hôpital le plus proche qui a en charge les problèmes de santé.

Après la prison de Fleury-Mérogis, où il travailla près de trois ans, Xavier prit en charge la consultation médicale pour les sans-abri située à Nanterre. Il complétait ainsi la découverte d'un pays dans lequel il avait peu exercé puisqu'il avait appartenu très tôt à cette bande de jeunes docteurs idéalistes de Médecins sans frontières, qui rêvaient de changer le monde et qui partirent au loin, là où se trouvaient la misère et la souffrance.

Lorsqu'il revint de ses longs périples et se posa plus longuement en France, il prit la mesure de la situation sanitaire qui régnait dans les prisons, puis, à travers la mission Solidarité France, mise en place par MSF, de la précarité et de l'exclusion... Il comprit que des événements importants étaient survenus dans son pays pendant les vingt dernières années. Et qu'il fallait agir.

Alerte à Gennevilliers

Subrepticement, entre deux voyages, les symptômes de la misère me sont peu à peu réapparus dans les années 90 : des personnes qui mendiaient aux feux rouges surgissaient et m'interpellaient de plus en plus souvent ; en allant chercher ma mère à Gennevilliers, je constatais que la cité, si pimpante en 1973, lors de notre arrivée, s'était totalement dégradée : ascenseurs détériorés, locaux à poubelle brûlés... Pris par la peur, les voisins avaient déménagé. La cité était devenue un ghetto presque exclusivement occupé par des familles d'immigrés ; les dealers s'étaient emparés des jeunes abandonnés à eux-mêmes. La toxicomanie provoquait la petite délinquance, la prostitution, la transmission du virus du sida.

Entre les agressions et les vols de voitures, la cité n'était plus sûre. Les familles qui l'habitaient semblaient privées d'espoir. Que s'était-il passé ? Qu'avait-on fait à ces enfants qui défraient aujourd'hui régulièrement l'actualité, et qu'on qualifie de barbares [1] ou de sauvageons...

Je les revois tout petits, à l'entrée de mon immeuble, dans la cité. Beaux et souriants, ils attendaient tout de la vie, comme tous les enfants du monde... Aujourd'hui, je connais une famille de huit enfants qui se retrouve avec ses six garçons devenus toxicomanes et séropositifs ; seules les filles ont appris un métier et ont pu s'en sortir, l'une est infirmière, l'autre laborantine ; le papa, harki, les regarde de ses yeux si bleus, empreints de dignité et de désespérance. C'était un autre monde que nous espérions tous.

Je commençais à comprendre qu'un immense gâchis social avait été accompli : comment avait-on pu en arriver à un tel état d'abandon, de non-sens ? Qu'avait-on laissé se faire dans la France de mes espoirs pour que, subrepticement, sans que personne ne s'en rende compte, nous

1. Jean-Pierre Garnier, *Des barbares dans la cité*, Flammarion, 1996.

nous retrouvions soudain face à un tel échec, qui ne semblait aller qu'en s'aggravant ?

De son côté, Xavier Emmanuelli me parlait de la misère, de la détresse, de la précarité dans lesquelles se trouvait un nombre de plus en plus important de nos concitoyens. Pour mieux comprendre ce qu'il disait, je décidai, un jour de 1993, de lui rendre visite à Nanterre...

Le médecin des pauvres

Le CHAPSA, Centre d'hébergement et d'accueil pour les sans-abri, était caché tout au fond de l'hôpital de Nanterre. Au terme d'un long parcours assez alambiqué, on débouchait devant des bâtiments gris, sales, des baraquements dits « algéco », autour desquels régnait une atmosphère de fin du monde. Je crus vivre un cauchemar lorsqu'arriva un grand car bleu dont s'extirpa une horde en haillons, chargée de lourds paquets, le plus souvent ivre, le litron encore à la main, la gueule cassée. Une vraie cour des miracles. Comment croire à un tel spectacle ? Pourtant, ce n'était pas un mauvais rêve. C'était bien la réalité de la France de 1993. Je n'étais pas là au fin fond d'un bidonville marocain ! D'ailleurs, dans un bidonville, on aurait entendu des rires d'enfants, les mille menus bruits de la vie. Ici, tout était silencieux, personne ne parlait à personne.

Dans la cour, une infirmière donnait des soins de pieds à un clochard dans une bassine d'époque, tout en lui tenant des propos dont je devinais le contenu, à la fois ferme et plein d'empathie. Sentant ma gêne, elle m'indiqua avec gentillesse la baraque de chantier où je pourrais trouver le médecin.

En pleine consultation, Xavier me confia à l'un de ses infirmiers pour qu'il me fasse visiter le centre d'hébergement, les dortoirs et leur odeur terrifiante, les douches immondes, les malheureux qui, une fois enregistrés, devaient suivre le circuit imposé, vestiaire, douche, repas.

Cette vision dantesque me bouleversa. Au-delà de

l'émotion que suscitaient en moi une détresse et une misère humaines dont le souvenir reste à jamais brûlant, je voulus alors comprendre pourquoi des gens étaient ramassés dans la rue et amenés dans un tel lieu. Que disaient d'un tel drame les textes de loi ? Il n'en manquait pas.

De tout temps, les vagabonds et les mendiants furent mal vus des autorités. Sous l'Ancien Régime, ils étaient enrôlés de force ou condamnés aux galères. Plus tard, jusqu'au 1er mars 1994, le Code pénal posa que « le vagabondage [était] un délit » (art. 269), que « les vagabonds ou gens sans aveu sont ceux qui n'ont ni domicile certain, ni moyen de subsistance, et qui n'exercent habituellement ni métier ni profession » (art. 270).

De plus, « les vagabonds ou gens sans aveu qui auront été légalement déclarés tels seront pour ce seul fait punis de trois à six mois d'emprisonnement » (art. 271) et « les individus déclarés vagabonds par jugement pourront, s'ils sont étrangers, être conduits, par les ordres du gouvernement, hors du territoire de la République » (art. 272). Enfin, « toute personne qui aura été trouvée mendiant dans un lieu pour lequel existera un établissement public organisé afin d'obvier à la mendicité sera punie de trois à six mois d'emprisonnement, et sera, après l'expiration de sa peine, conduite au dépôt de mendicité » (art. 274).

Pour faire appliquer ces dispositions, une brigade de police, baptisée BAPSA, la Brigade d'assistance aux personnes sans abri, avait pour mission de ramasser dans les rues de Paris, de gré ou de force, tous les malheureux qui y traînaient et troublaient prétendument l'ordre public, afin de les conduire à la maison de Nanterre, laquelle fut initialement construite en 1887 pour servir de prison aux mendiants et d'asile aux vagabonds. C'est ainsi que les « bleus », nom donné aux agents de la BAPSA à cause de la couleur de leur uniforme, se firent une triste réputation auprès des sans-abri, qui fuyaient à leur approche. Il faut dire que, une fois embarqués par la BAPSA, le trajet en bus durait environ quatre heures, dans des conditions de salubrité et de promiscuité très pénibles, sous l'œil vigilant et la poigne ferme des « bleus ».

J'eus l'occasion, quelque temps plus tard, de participer à l'une de ces tournées et de constater la dureté du trajet, toute vitre fermée pour éviter que les bouteilles vides ne passent par la fenêtre, dans une odeur pestilentielle terrible ; mais j'ai vu aussi la connivence existant entre certains vieux clochards, qui se présentaient d'ailleurs d'eux-mêmes au départ du bus à la porte de La Villette, et certains agents de la BAPSA, pleins de générosité sous leurs airs bougons et leurs méthodes musclées ; bien que certainement contraires au règlement, plusieurs arrêts devant des épiceries permettaient aux plus dépendants d'entre eux de faire le plein d'alcool avant Nanterre.

Le pire restait à l'arrivée au CHAPSA, où le relais était pris par les « oranges », eux aussi appelés ainsi à cause de la couleur de leur uniforme. L'enfer étant pavé de bonnes intentions, on avait cru bon de confier cette mission de surveillance des dortoirs à des anciens sans-abri que l'on croyait ainsi réinsérer, mais qui n'étaient remis qu'en apparence de leurs problèmes de drogue ou d'alcoolisme : logés, nourris, blanchis sur le site, percevant une petite indemnité qui était loin d'un salaire, ils étaient passés d'un statut à l'autre sans autre forme de transition et sans plus de formation. À peine sortis de la rue, ils se débattaient encore dans le cercle vicieux de la violence que l'on subit et de celle que l'on inflige en retour. Ils se transformaient en véritables « kapos » avec ceux qui arrivaient, dans lesquels ils ne voyaient pas un autre, plus fragile encore, un être qu'il aurait fallu écouter, soigner, apprivoiser peu à peu, mais le miroir de leur propre déchéance encore si présente à leur esprit.

Les vagabonds, les clochards d'alors ne s'appelaient pas encore des SDF ; une chape de silence entourait cet étrange délit ; hors de l'enceinte de Nanterre, on ne parlait pas des violences de la nuit, entre SDF eux-mêmes, ou encore de la façon dont les « oranges » imposaient le calme dans les dortoirs.

Au matin, on débarrassait les hébergés de l'uniforme

grossier dans lequel ils avaient passé la nuit, on leur rendait leurs pauvres vêtements à peine désinfectés, et les bus de la BAPSA les ramenaient à Paris où ils les reprendraient le soir, dans une noria incessante.

La consultation médicale était le seul lieu où ces malheureux voyaient briller une petite lumière d'espoir : c'était pour eux l'occasion de redevenir des personnes dans les yeux de qui leur prodiguait quelques soins, osait porter la main sur eux autrement que pour les frapper, leur donnait du respect et de l'attention, essayait de renouer le contact par les gestes les plus simples.

Xavier avait repéré toutes les pratiques de ce monde caché et décidé de faire tomber le mur de silence et de peur derrière lequel la société les reléguait. Il dénonça bruyamment les pratiques des « oranges », sur lesquels il n'avait pas autorité administrative, révéla l'état de délabrement des dortoirs et les conditions de promiscuité. Il se battait pour obtenir de l'administration davantage d'infirmières et de médecins, et la construction de locaux dignes de ce nom. Il bataillait pour que le dispositif de « ramassage » des clochards soit humanisé et que la BAPSA intègre des infirmiers ou soit remplacée par des équipes mobiles comprenant du personnel paramédical capable de faire une première évaluation de l'état de santé des personnes rencontrées. En effet, dans sa consultation médicale, il voyait réapparaître des cas de tuberculose, se diffuser des maladies comme le sida, notamment chez de jeunes toxicomanes à la rue : il fallait de toute urgence pouvoir en évaluer l'impact sanitaire et amener ces personnes à accéder aux soins, car la plupart échappaient au regard de l'hôpital. Il avait bien analysé la faillite des institutions sanitaires et sociales, les trajectoires des personnes amenées ici, leurs pathologies et surtout leurs souffrances...

La population traditionnellement ramassée par la BAPSA était celle des grands clochards, souvent à la rue depuis de nombreuses années, caractérisés par une

grande désocialisation, une dépendance très forte à l'alcool, une absence totale d'hygiène, une malnutrition et
des pathologies souvent impressionnantes ; à travers des
psoriasis, des eczémas et des plaies géantes laissées à
l'abandon, leur peau racontait en détail leur souffrance,
témoignant ainsi des profondes transformations psychiques engendrées par le silence. La caractéristique la plus
frappante de cette population délaissée de tous tenait
dans ce simple constat : le seul fait d'avoir vécu si longtemps à la rue, oubliés des leurs et invisibles aux yeux
d'autrui, avait engendré chez un grand nombre d'entre eux
un terrible mécanisme de repli sur soi. Ils n'exprimaient
plus le moindre désir, ne demandaient plus rien à quiconque, ni aide ni soin.

Ces personnes fragiles, isolées, déconnectées dans le
temps et dans l'espace, étaient d'abord victimes de la
réorganisation de nos institutions sanitaires et sociales.
Traditionnellement, l'hôpital avait une fonction asilaire
qui permettait aux pauvres de trouver un abri et des
soins Mais dans les années 70, il devint un pôle technique d'excellence pour lequel des investissements importants furent réalisés. Ainsi la journée d'hospitalisation
coûtait-elle désormais très cher, et le séjour ne pouvait
dépasser le temps strictement défini pour réaliser ces
soins techniques ; c'était le début de « l'hôpital entreprise » aux impératifs de gestion discriminants.

Autrefois, les clochards pouvaient passer l'hiver dans
les salles communes de l'Hôtel-Dieu, sous l'œil indulgent
et plein de compassion des petites sœurs dont la vocation était de veiller sur eux ; aujourd'hui, dans ces nouveaux services hospitaliers ultra-modernes et très
performants, ces patients sont trop compliqués à gérer :
ils sont sales, souvent saouls, et personne ne prend plus
le temps de passer deux heures à panser une plaie, écouter, rassurer. De même, l'hôpital n'a pas de solution à
proposer à tous ceux qui ont simplement besoin de recevoir des soins à domicile, et de garder la chambre ; s'ils
n'ont pas de logement, ils sont renvoyés vers les institu-

tions sociales, chargées en principe de trouver des solutions adaptées. Mais face à la montée massive de la précarité, celles-ci ont très vite été dépassées par la quantité des demandes.

De plus, ces clochards qui vivent en situation de survie ont bien du mal à prévoir et à respecter les rendez-vous indispensables dans ces divers lieux, à établir les liens entre les différentes formalités devenues nécessaires pour passer d'un organisme à l'autre. On ne peut que constater aujourd'hui que nos institutions, toutes plus spécialisées et plus performantes les unes que les autres, fonctionnent bien pour les gens parfaitement insérés, mais laissent de côté ceux, fort nombreux, qui en connaissent mal le mode d'emploi.

Enfin, au cours de ces années charnières, la population changeait très vite. Les cars de la BAPSA n'amenaient plus seulement des clochards « traditionnels », mais aussi ceux que l'on commençait à appeler indistinctement les SDF. Ces derniers représentaient en réalité une population très variée aux problématiques neuves et multiples, où l'on pouvait dorénavant trouver de très jeunes gens ou jeunes filles, des chômeurs de très longue durée, des toxicomanes, des individus souffrant de troubles psychiatriques, des femmes avec ou sans enfant, des familles, des immigrés cherchant l'asile politique ou fuyant la misère économique de leur pays d'origine... Leur seul point commun était souvent la rue...

J'écoutais Xavier me décrire tous ces constats au milieu de ces êtres au visage marqué par les épreuves et l'alcool, qui le regardaient avec confiance, échangeant au passage quelques blagues avec lui ou lui demandant une consultation. Décidément, cet homme qui avait créé Médecins sans frontières et vécu toutes sortes de catastrophes aux quatre coins du monde était bien ici dans son élément. Sa présence dans ce lieu d'un autre âge me paraissait s'inscrire dans la logique de son parcours professionnel atypique. Quant à moi, c'était tout l'inverse : j'aurais dû à ce même moment me trouver ailleurs, dans le monde des « riches » et des hôtels cinq étoiles auquel m'avaient permis d'accéder tous les sacrifices de ma mère et mes brillantes études.

Mais pendant que j'écoutais Xavier formuler les premières fondations de ce qui allait devenir le Samu Social, je regardais les visages, les regards de tous ceux qui venaient le voir. Derrière chacun d'eux, je revoyais soudain ceux qui avaient hanté mon enfance, toutes les mains qui se tendaient vers moi, enfant impuissante, pour supplier.

Je compris alors que je venais à nouveau de rencontrer mon destin. Désormais, je ne pourrais jamais plus supporter le choc de la misère. Cette visite au CHAPSA m'interrogeait sur le sens d'une vie, sur mes certitudes, sur la confiance que j'avais eue en cette république des droits de l'homme qui laissait aujourd'hui certains de ses enfants à l'abandon. Je portais soudain un regard inquiet sur la France de 1993 : que s'était-il donc passé durant ces vingt dernières années ?

Prise de conscience

Cette visite m'avait frappée. Je me mis à réfléchir. Je devais aider Xavier et me donner les moyens de combattre la pauvreté, ce spectre qui m'avait hantée durant toute mon enfance... Je ne savais pas encore comment je pouvais être utile, je ne savais pas encore qu'une grande aventure allait commencer, mais je sentais qu'il était l'heure... Le destin se remettait en marche.

Quelque temps plus tard, je fis un stage dans un organisme de formation. De nombreux chefs d'entreprise, qui avaient des emplois du temps très compliqués, venaient y apprendre à gérer leur temps : ce qui peut apparaître superficiel était pour ces hommes et ces femmes complètement « surbookés » une des rares occasions de faire une pause et d'établir une sorte de bilan sur le temps consacré au travail et à leur vie privée qui en pâtissait le plus souvent.

J'y rencontrai des gens très concernés, notamment Xavier de Lannoy, responsable du mécénat et de la solidarité, qui travaillait à la Caisse des dépôts et consignations où il montait des projets destinés à faciliter l'accès au logement des personnes les plus démunies. Je pensais immédiatement à mon médecin des pauvres qui cherchait à mettre en place un dispositif mobile et professionnel permettant d'aller vers ceux qui étaient les plus en détresse sociale à la rue, et qui ne demandaient plus d'aide aux services sociaux, ne se rendaient plus d'eux-mêmes aux consultations des hôpitaux et ne faisaient plus valoir leurs droits : une sorte de « Samu Social ».

Xavier de Lannoy, à qui Xavier Emmanuelli expliqua le projet plus en détail, en perçut tout de suite l'importance. C'est ainsi que fut constitué autour de ce projet de Samu Social un groupe de travail à la Caisse des dépôts et consignations, réunissant tous ceux qui, à Paris, avaient une compétence dans le champ médico-social et connaissaient bien le monde de la grande exclusion. Il y avait là Patrick Henri, l'ancien médecin de la consultation de Nanterre, devenu médecin à la RATP, où il s'occupait notamment des actions de solidarité concernant les personnes sans abri réfugiées dans le métro, la FNARS (Fédération nationale des associations de réadaptation sociale), le CASH (Centre d'accueil et de soins hospitaliers) de Nanterre, hôpital auquel Xavier était rattaché, le Centre d'action sociale de la ville de Paris, la fondation Abbé Pierre, la préfecture de police, etc. Le groupe dressa un premier bilan de la situation.

De son côté, Xavier Emmanuelli avait lui-même entrepris diverses démarches, notamment auprès du ministère des Affaires sociales, où il avait demandé un rendez-vous à la conseillère technique du ministre. Quand il lui avait expliqué l'esprit de son projet qui consistait à aller vers des personnes qui ne demandaient plus d'aide, celle-ci s'était exclamée : « Aller à la rencontre de ceux qui ne demandent rien, alors qu'on en a tant qui demandent !

Vous n'y pensez pas... Vous allez faire apparaître des populations que l'on ne connaît pas. » Une analyse assez juste, certes, et que l'avenir confirmera, mais une analyse qui ne pouvait évidemment pas arrêter un homme comme Xavier Emmanuelli.

3

NAISSANCE DU SAMU SOCIAL :
UNE RÉVOLUTION CULTURELLE

> « Viens jouer avec moi, lui proposa le Petit Prince.
> Je suis tellement triste.
> – Je ne puis pas jouer avec toi, dit le renard. Je ne
> suis pas apprivoisé...
> – Qu'est-ce que cela veut dire, "apprivoiser" ?
> – C'est une chose trop oubliée : cela veut dire "créer
> des liens". »
>
> Antoine de SAINT-EXUPÉRY.
> *Le Petit Prince*

Une volonté politique

La fin de non-recevoir opposée par le ministère des Affaires sociales nous avait tous stupéfaits. L'argument utilisé – « vous allez faire apparaître des gens qui ne demandent rien ! » – nous laissait sans voix. La technocrate consultée avait décidé froidement, au nom de l'État et du haut de ses certitudes, que nos propositions étaient nulles et non avenues... Pour elle, il ne s'agissait sans doute que d'un projet de plus dans un domaine qui n'intéressait presque personne, à l'exception de quelques militants des associations caritatives. On n'allait quand même pas faire une révolution parce que le docteur Emmanuelli voulait aujourd'hui livrer ses combats humanitaires sur le territoire français !

En cet automne 1993, tout le monde savait pourtant que, crise de l'emploi aidant, on assistait à une forte montée de l'exclusion qui allait fragiliser bon nombre de ceux

53

qui, la veille encore, étaient considérés comme les forces vives de la nation. Et bien que de nouvelles catégories de populations soient dorénavant à la rue, les politiques aussi bien que l'administration en charge de ces questions repoussaient le moment de prendre des décisions : l'administration parce que, selon son habitude, elle faisait le dos rond, de peur de se retrouver face à de nouvelles obligations budgétaires ; les politiques parce qu'ils subissaient la tutelle de cette même administration, qui ne les alertait pas suffisamment sur l'ampleur du phénomène, ni ne leur permettait d'entreprendre de véritables réformes.

Comme une plaie récurrente, les SDF réapparaissaient aux yeux de tous chaque hiver, lors des premiers grands froids. Le scénario semblait immuable. Dès que l'un d'eux venait à mourir dans ses cartons, les journaux mettaient soudain le phénomène à la une. Ils interpellaient le gouvernement et les pouvoirs publics, qui donnaient l'ordre d'ouvrir en urgence des stations de métro dans lesquelles se précipitaient des bénévoles pour servir du café et des sandwichs aux sans-abri. On interrogeait l'abbé Pierre qui rappelait tous les Français à leur devoir de générosité.

Pendant une semaine ou deux, toute la France s'apitoyait sur leur sort. On semblait ne plus très bien savoir s'ils avaient choisi cette vie ou s'ils étaient les victimes d'une société sur laquelle on préférait éviter de s'interroger davantage. Le froid aidant, beaucoup donneraient une pièce ou feraient quelque temps un sourire au clochard du coin de leur rue – le même qui, l'été venu, serait l'objet d'une pétition au maire afin qu'il soit éloigné d'un quartier qui l'avait aidé durant l'hiver, et dans lequel il avait fini par prendre ses aises...

Une actualité chassant l'autre, la vie reprenait son cours, d'autant que tous ces hommes et ces femmes de la rue qui n'ont plus rien – plus de domicile, plus de famille, plus la possibilité d'exercer leur droit de vote – ne constituent aucun groupe de pression susceptible de peser dans la balance...

Il fallait pourtant de toute urgence s'occuper de ces populations. Leur état d'abandon, sanitaire et social, révélait les failles d'une fracture sociale très profonde qui s'installait insidieusement dans notre pays, particulièrement dans nos grandes villes où aucune histoire commune ne lie plus les gens entre eux, où la solitude est souvent le seul horizon des plus fragiles d'entre nous.

Malgré ce premier échec, nous devions sans attendre faire comprendre aux responsables politiques, à qui nous confions le destin de notre pays, qu'une société se juge à la valeur donnée à chacun de ses membres. Car les institutions sont faites pour s'adapter aux problématiques rencontrées par les citoyens, et non l'inverse.

Dans un pays qui affiche fièrement au fronton de tous ses bâtiments officiels la devise « Liberté, égalité, fraternité », il devait bien exister un responsable politique courageux, un homme capable de comprendre l'étendue du problème et ses conséquences sur l'ensemble de la société, et qui ne craindrait pas d'affronter les foudres de l'administration.

Le problème concernant essentiellement la ville de Paris qui, comme toutes les grandes mégapoles, a le triste privilège d'attirer des cohortes de sans-abri, j'eus alors l'idée de proposer à Xavier de s'adresser au maire, M. Jacques Chirac, qui menait une politique sociale tout à fait remarquable.

N'ayant jamais eu l'occasion de le rencontrer, Xavier n'osait pas demander directement ce rendez-vous.

Je parlais alors de notre projet de création d'un Samu Social à l'une de mes grandes amies, une femme à la destinée extraordinaire et qui, n'ayant pas eu d'enfant, s'était beaucoup attachée à moi. Solange Rosen était ma confidente. Notre relation compta beaucoup dans ma vie, contribuant, à travers nos longues discussions, à compléter ma découverte du monde. Âgée de plus de quatre-vingts ans, elle était restée l'intrépide militante des droits de l'homme qu'elle était déjà très jeune, lorsque, tout de suite après la guerre, elle avait participé à la création d'une association de lutte contre le racisme et l'antisémitisme.

Issue d'un milieu modeste, elle avait connu les deux guerres mondiales ; à l'âge de quatorze ans, elle était entrée comme petite « arpette » chez Chanel d'où elle était sortie « première d'atelier » avant de créer sa propre maison de couture dans le XVIe arrondissement, où elle avait habillé durant plus de quarante ans toutes les femmes de la haute société. Son mariage avec un jeune homme de très bonne famille juive lui avait fait connaître l'exclusion de son milieu d'origine catholique, bien-pensant et sectaire ; durant l'occupation allemande, elle avait failli être déportée du seul fait de cette alliance et n'avait dû sa libération qu'à l'intervention d'un ami d'enfance, devenu collaborateur... Elle avait alors mené de nombreuses actions dans la résistance, où elle avait connu des personnes aujourd'hui très puissantes.

Bien qu'elle soit devenue riche grâce à son talent et à son travail, les combats « pour le peuple », pour les plus humbles et les plus fragiles, lui faisaient soulever des montagnes. Solange savait d'instinct que Jacques Chirac entendrait la souffrance de ceux qui n'intéressent plus personne ; elle alla donc trouver parmi ses relations l'homme qui devait faciliter la rencontre.

Envoyée en éclaireur, j'eus le privilège de faire la connaissance d'un vieux monsieur adorable, qui m'écouta avec beaucoup d'intérêt et de gentillesse. Cet homme dont, lors de cette première rencontre où j'exposai les grandes lignes du projet, je n'avais pas pris la mesure, s'appelait Jacques Foccard, l'un des personnages les plus influents de la Ve République. Quelques jours plus tard, Xavier rencontrait Jacques Chirac.

Par la suite, Jacques Foccard m'accorda toujours son attention et son estime. Jusqu'à sa mort, j'eus le privilège d'être reçue de temps en temps par cet homme qui avait accompagné le général de Gaulle pendant de nombreuses années dans l'abnégation et la fidélité absolue au service de la France.

Jacques Chirac avait entendu parler de Xavier à travers son action à MSF et tenait en grande estime ses engagements humanitaires. Il le reçut avec plaisir. Il écouta avec une grande attention les mots du médecin des pauvres, qui décrivaient l'enfer de la grande exclusion. Sans doute touché, en tout cas convaincu de l'urgence et décidé à agir, Jacques Chirac organisa aussitôt une réunion de mise en route opérationnelle avec ses principaux collaborateurs.

Le Samu Social est né le jour de la rencontre de ces deux hommes, le médecin au contact de l'exclusion et l'homme politique à la fibre populaire, qui a su entendre la détresse de ceux qui n'ont plus de voix. Ce jour-là, j'ai compris le poids de la volonté politique lorsqu'il y a une réelle occasion de changer la condition de chacun : Xavier pouvait être très sensible à la détresse des gens, il n'aurait jamais pu dépasser le cadre de l'action humanitaire sans cet appui essentiel, et pour lui inattendu ; aujourd'hui se mettait en marche une action décidée par les autorités politiques. Celle-ci allait changer le regard et les comportements des institutions envers les plus démunis : une véritable révolution culturelle !

Coup d'envoi

Le concept du Samu Social fut créé par analogie à celui du Samu, le Service d'aide médicale d'urgence, qui permet de réunir dans une ambulance les moyens techniques d'un hôpital afin de venir au secours des blessés de la route sur le lieu de l'accident. Le premier objectif assigné au Samu Social était d'aller à la rencontre des très grands exclus, ceux que l'on appelait autrefois les clochards, qui pouvaient courir de grands dangers dans la rue et présentaient dans la plupart des cas des situations d'extrême détresse physique et sociale. Mais bien que leur état de santé soit précaire, tous ne nécessitaient pas forcément le déplacement du Samu ou une hospitalisation immédiate.

Pour autant, il ne pouvait plus être question de continuer à les ramasser avec ou sans leur consentement, plus encore pour les conduire dans des lieux d'hébergement tels que le CHAPSA de Nanterre, dont les locaux vétustes et le personnel d'accueil ne correspondaient plus du tout aux conditions de dignité et d'hygiène que nous nous devions d'offrir à tous nos concitoyens, et surtout à ceux qui sont tombés au plus bas.

Tous ces sans-abri étaient entrés, par divers concours de circonstances, dans un processus de désocialisation qui les avait menés à l'extrême solitude et à l'abandon total dans la rue ; il fallait voir ces personnes non pas à travers la figure du clochard heureux, mais plutôt comme des blessés de la vie. Il fallait les aider à retrouver une place dans notre société ; au lieu d'un dispositif uniquement répressif, mieux valait envoyer des équipes de professionnels, capables d'évaluer rapidement leur état de santé ainsi que leur situation sociale.

Dans un premier temps, il s'agissait de parer au plus pressé et donc de pouvoir, le plus rapidement possible, leur proposer des lieux d'hébergement dignes, propres, où ils seraient accueillis par des personnels formés, qui sauraient leur permettre de trouver du repos dans un environnement chaleureux.

Concrètement, le Samu Social se composerait d'équipes mobiles non médicalisées. L'équipage serait composé d'un chauffeur, d'une infirmière et d'un travailleur social. Il n'y aurait donc pas de médecin à bord ; en cas de nécessité, le Samu (le 15) prendrait le relais. Les équipes sillonneraient toute la nuit les rues de Paris, en « maraudant » pour repérer ceux qui se planquent dans l'obscurité, dans tous les recoins de la capitale. Ils tenteraient d'entrer en contact avec eux et de créer des liens assez forts pour les convaincre de se mettre à l'abri. Il s'agissait véritablement de mettre en place une mission de sauvetage social dans le respect des droits de chacun...

Au début du mois de novembre, un homme sans domicile décéda en région parisienne. Le thermomètre était tombé au-dessous de zéro. Au matin du 22 novembre 1993, Jacques Chirac, qui avait donc donné son accord à Xavier Emmanuelli pour la création du Samu Social de

Paris à compter du 15 décembre, lui téléphona dans son « algéco » de Nanterre : « Toubib, c'est pour ce soir. »

Le soir même, les premières équipes mobiles du Samu Social de Paris quittaient le dispensaire de l'avenue René-Coty[1], dans le XIVe arrondissement de Paris, partant à la rencontre des personnes sans abri.

Lorsque Jacques Chirac avait décidé la réalisation de notre projet, il ne s'était pas contenté de donner quelques instructions à son administration, chargée de mettre au service de cette nouvelle action de solidarité le puissant dispositif de la Ville de Paris. Le futur président de la République allait devenir l'acteur central de cette réalisation.

Avec la très grande force de conviction qu'on lui connaît, il téléphona lui-même aux principales institutions publiques, ainsi qu'à quelques grands patrons d'entreprises privées, pour les convaincre de soutenir l'expérience. Il obtint l'assentiment de tous : l'AP-HP[2], l'hôpital de Nanterre, la Croix-Rouge de Paris envoyaient chaque soir des infirmiers et infirmières ; le ministère de la Défense détacha des appelés du contingent ; le CASVP[3], la DASES[4] et la FNARS[5] mettaient à disposition des travailleurs sociaux, les TAM[6] et les services des parcs et jardins de la Ville de Paris envoyaient chaque soir des chauffeurs. Une filiale de la Caisse des dépôts et consignations, Transdev, embaucha de jeunes chauffeurs destinés à cette mission exceptionnelle et une filiale de la Lyonnaise des eaux, Domical, mit à notre disposition des opérateurs radio qui devaient réguler l'action des équipes de nuit.

---

1. Dispensaire de jour mis à la disposition du Samu Social la nuit par le Centre d'action sociale de la ville de Paris.
2. Assistance publique-Hôpitaux de Paris.
3. Centre d'action sociale de la ville de Paris.
4. Direction de l'action sociale de l'enfance et de la santé (département de Paris).
5. Fédération nationale des associations de réadaptation sociale.
6. Transports automobiles municipaux.

Les volontaires présents ce 22 novembre au soir avaient répondu soit à l'appel de leur administration, soit aux appels lancés à la radio. La plupart avaient déjà accompli leur journée de travail et embrayaient sur cette mission de nuit. Une équipe de médecins, liés à Xavier par une amitié de longue date et pleins de foi dans le projet, y consacreraient bénévolement toutes leurs soirées pour rappeler leur mission aux équipes avant leur départ.

Je n'oublierai jamais l'ambiance pleine de ferveur de ce premier soir. Nous étions tous réunis autour de Jacques Chirac. Les volontaires hétéroclites qui nous avaient rejoints composaient les premières équipes mobiles. Ils allaient partir sillonner la ville, à la rencontre des plus invisibles, lesquels ignoraient encore que toute une organisation qui leur était destinée se mettait en route. Alors Xavier Emmanuelli prit la parole :

« Vous allez participer à la mise en place d'un dispositif nouveau et expérimental de sauvetage à l'attention des sans-abri, et parmi eux les plus désocialisés, ceux que nous appelons plus communément les clochards ; ils sont arrivés au dernier stade de la spirale de la désocialisation, le stade de l'abandon, et la caractéristique de leur état est qu'ils ne demandent plus rien, ni sur le plan social ni même sur le plan médical ; ils peuvent être porteurs de lésions importantes car ils vivent une sorte de divorce avec leur corps et sont indifférents à leur souffrance comme à leur sort ; ils se planquent dans les recoins de la ville et peuvent être de ce fait en extrême détresse médicale ou sociale.

« Vous allez vous porter à leur rencontre en "maraudant" dans les rues de Paris, comme les taxis à la recherche du client ; vous devrez rouler lentement pour les repérer.

« Vous fonctionnerez par équipes de trois et serez reliés par radio à la base que vous devrez informer en permanence de votre trajet et de votre position ; le coordinateur présent au poste de commandement est responsable de toute la mission de nuit.

« Chaque membre de l'équipe a un rôle important et

bien défini : le chauffeur a la responsabilité du véhicule et de la sécurité de l'équipage, l'infirmière doit très rapidement réaliser un diagnostic infirmier, et le travailleur social est chargé d'évaluer la situation de la personne rencontrée ; l'infirmière, qui est le chef de bord, décide en dernier ressort de l'orientation à réaliser, notamment si un problème médical se trouve identifié ; elle peut à tout moment faire appel au médecin d'astreinte qui est joignable toute la nuit par téléphone.

« Dans le cadre de cette mission d'urgence, le diagnostic infirmier est fondamental car il permet de faire le tri entre une urgence vitale, une urgence médicale grave et une pathologie qui ne demande que des soins légers pouvant attendre le lendemain : en cas d'urgence vitale, l'infirmière devra alerter la régulation qui enverra immédiatement le Samu (médical) ; elle restera près du patient en pratiquant les premiers gestes d'urgence jusqu'à l'arrivée des secours ; en cas d'urgence médicale grave, vous devez vous rendre à l'hôpital le plus proche, et confier le patient au médecin des urgences qui décidera des suites à donner, hospitalisation ou non, auquel cas vous conduirez la personne dans l'un des centres d'hébergement du Samu Social ; si l'infirmière rencontre des difficultés dans la réalisation du diagnostic, ou si un différend l'oppose au médecin des urgences, elle peut joindre à tout moment notre médecin d'astreinte, qui la conseillera et interviendra auprès de son confrère ; enfin, si la personne présente une petite pathologie qui n'est pas du ressort d'une hospitalisation mais nécessite du repos et des soins infirmiers, quelques lits nous sont réservés à l'hôpital des Peupliers de la Croix-Rouge, situé dans le XIIIᵉ arrondissement.

« N'oubliez jamais que vous avez affaire à des personnes qui a priori refusent toute aide ; vous devrez toujours les aborder avec tact, respect et utiliser obligatoirement le vouvoiement, comme vous le faites dans la vie de tous les jours avec les gens que vous rencontrez pour la première fois. [...]

« Si la personne présente un problème médical qui ne

mette pas sa vie immédiatement en danger et qu'elle refuse de vous suivre, il faudra repasser plusieurs fois dans la nuit, et veiller à ce qu'elle soit bien couverte – vous avez des couvertures de survie –, lui donner une boisson chaude, quelque chose à manger. Et il faudra passer les consignes pour qu'une équipe repasse la nuit suivante, et toutes les autres jusqu'à ce que la relation de confiance s'instaure.

« Tandis que vous marauderez, des permanenciers téléphoniques répondront aux appels émanant des particuliers qui vont nous signaler des SDF ; les régulateurs radio vous donneront les adresses où vous devrez vous rendre puis informer la base des résultats de cette rencontre et de la décision d'orientation... »

Premières rencontres

C'est ainsi que, depuis le 22 novembre 1993, nuit après nuit, les équipes[1] ont maraudé de 20 h 30 à 5 heures du matin, se rendant auprès des gens signalés par téléphone, rencontrant des milliers de personnes correspondant aux situations extrêmement diverses qui se cachent sous le terme générique de SDF : des clochards, des jeunes toxicomanes, des zonards, des femmes seules, des femmes avec enfants, des familles, des personnes âgées, des malades psychiatriques, toutes ces situations porteuses d'histoires tragiques, qui racontent la déstructuration de notre tissu social, l'éclatement des familles, la crise économique, les carences des institutions sanitaires et sociales, la solitude...

Chaque soir, lors du « briefing » qui précède obligatoirement le départ des équipes, ces pionniers de l'espoir nous racontaient leurs rencontres de la veille, leurs difficultés, leurs doutes, mais aussi les premiers sourires, les

1. 5 équipes mobiles lors de la création, portées aujourd'hui à 7 toute l'année, voire 10 à 14 pendant les périodes de grand froid.

premiers gestes de confiance de ceux qui n'attendaient plus rien de la société.

Pendant toutes ces années, ils ont créé des liens avec les grands exclus, apprivoisé des personnes qui se terraient et fuyaient tout contact de peur de se faire embarquer par les « bleus » ; ils ont appris à repérer les territoires des uns et des autres, les astuces pour entrer en contact avec les plus bourrus, les comportements à respecter face aux personnes très alcoolisées, aux toxicomanes en manque, la meilleure façon de gérer ceux qui ne savent s'exprimer que sur le mode de l'agressivité et de la violence...

Les équipes avaient comme principale consigne de toujours respecter l'autre, de le vouvoyer et d'avoir une attitude bienveillante et non infantilisante, dénuée de tout jugement moral envers lui ; il était hors de question de brusquer ceux qui refusaient de se mettre à l'abri. C'était là une démarche totalement nouvelle face aux grands exclus...

Ces refus posaient parfois des problèmes éthiques aux équipes qui les vivaient comme autant d'échecs, quand ce n'était souvent qu'affaire de patience. Néanmoins, toute la démarche première de cet embryon de Samu Social qui venait d'apparaître impliquait le respect absolu de la volonté de l'autre, et donc son consentement. Même à terre, même à la rue, les sans-domicile restent des citoyens à part entière. Il ne saurait être question de les forcer dans leur choix, et rien ne saurait justifier de les héberger de force.

Mais il est vrai que, lorsqu'il fait très froid, laisser sur place ceux qui ne veulent pas venir au chaud est plus difficile à vivre ; tous les hivers, certains journalistes se demandent gravement s'il ne faut pas les mettre à l'abri, même de force, d'autant qu'il se trouve toujours un élu qui, sous couvert des meilleures intentions, suggère pour ce faire le recours aux forces de police. Désormais, « ramasser » de force un sans-abri est non seulement contraire au respect élémentaire des droits de l'homme, mais parfaitement illégal. De plus, toute violence ou contrainte pourra conduire le malheureux clochard à se trouver une planque encore plus éloignée (un parking, une cave) où, invisible, il risquera de mourir plus sûrement les nuits suivantes.

Dès lors, on voit bien le rôle irremplaçable de l'infirmière qui doit pouvoir évaluer les risques, surtout lorsqu'il fait très froid, mais aussi lorsqu'il fait plus doux, car beaucoup de clochards sont morts d'hypothermie à l'automne ou au printemps.

Le libre choix de la personne est à mettre en permanence en balance avec la non-assistance à personne en danger ; et c'est à ce moment-là que le Samu (médical) peut être amené à se déplacer pour trancher. Quoi qu'il en soit, nous n'avons jamais laissé sur le trottoir un SDF dont nous estimions qu'il était en danger sans tenter de le convaincre, quitte à repasser plusieurs fois dans la nuit. Lorsque la vie n'est pas en jeu, une seule attitude est acceptable : celle de l'apprivoisement, de la mise en confiance jusqu'à l'accord.

C'est pourquoi les équipes maraudent toute l'année, hiver comme été. Au rythme des histoires personnelles et de la profondeur des traumatismes rencontrés, ce travail au long cours est créateur de liens.

Petit à petit, la confiance s'est manifestée, même chez les plus désocialisés, et nous avons fait la connaissance de tous ceux que les hasards de la vie ont menés à la solitude extrême dans la rue. Ils se sont peu à peu mis à croire en ces hommes et femmes reconnaissables à leur blouson bleu et blanc, qui circulaient lentement dans des véhicules Peugeot blancs marqués « Samu Social » de Paris. Ils ont compris que, dans ces rencontres, pleines de respect et de fraternité, ils restaient des hommes, libres de leurs décisions. Ils ont bien vu que ces maraudeurs de la nuit étaient toujours prêts à revenir, et qu'ils ne les conduiraient pas à Nanterre, dont la plupart avaient de fort mauvais souvenirs. Au contraire, on les emmenait dans des centres où l'accueil était amélioré et d'où ils ne seraient pas chassés dès l'aube mais pourraient, s'ils le voulaient, voir le lendemain matin une assistante sociale ou un médecin.

Beaucoup d'entre eux sont donc venus, certains quelques nuits, d'autres plus régulièrement. Quelques-uns ont obstinément refusé de nous suivre, mais ils semblaient toujours contents de partager un café chaud et des petites madeleines. Lorsque la personne dormait trop profondément, l'équipe, après s'être assurée qu'elle était bien couverte et que sa température et sa respiration étaient normales, laissait à ses côtés le café et les biscuits.

C'est ainsi que nous avons rencontré Joseph, qui passait toutes ses nuits enfermé dans une cabine téléphonique, boulevard Saint-Marcel. Au début, il gardait la porte de sa maison précaire obstinément fermée et ne disait pas un mot, au point que nous le pensions muet... Mais un jour, il accepta de parler à Momo, le chauffeur du véhicule ; nous apprîmes son nom. Petit à petit, il prit langue avec une infirmière, Sylvie... Il acceptait une cigarette, un café, mais refusait de quitter sa cabine... Quelques mois plus tard, il reconnaissait toute personne se trouvant dans un véhicule du Samu Social et semblait content de nous voir arriver ; peut-être même attendait-il notre passage ; nous avions créé des liens avec ce jeune homme terrorisé ; bientôt, il accepta de nous suivre dans un centre d'hébergement pour y manger et se laver, mais nous nous engagions à le raccompagner boulevard Saint-Marcel ; un soir, bien des mois plus tard, nous attendions qu'il ait fini de prendre sa douche à l'étage, et comme il tardait à redescendre, l'un d'entre nous partit à sa rencontre. Joseph, après sa douche, avait repéré les chambres dortoirs et s'était allongé sur l'un des lits. Il dormait comme un enfant, confiant... Il semblait s'être apprivoisé, la confiance était née... Cinq ans plus tard, il vient presque tous les soirs dans ce centre de Montrouge ; au début il partait dès la première heure, désormais, il passe un moment le matin avec les animateurs qui essaient de l'amener peu à peu à accepter l'idée d'être suivi régulièrement par un psychiatre ; le reste suivra peut-être un jour, à son rythme...

État des lieux des centres d'hébergement d'urgence

Jusqu'à la création du Samu Social, l'hébergement des sans-abri n'était organisé qu'au regard d'une conception hygiéniste datant du XIXᵉ siècle, selon laquelle il fallait enfermer tous ceux qui pouvaient être dangereux, d'une manière ou d'une autre, pour la société : les vagabonds, les fous, les prostituées, etc.

Bien que le délit de vagabondage ne soit plus sanctionné depuis quelques années, tout le monde trouvait que la société accomplissait son devoir en leur permettant de bénéficier d'un abri à Nanterre, surtout à l'approche de l'hiver, dont le froid rappelait que ces clochards pouvaient mourir et qu'il fallait les protéger même malgré eux ; au fond, tout le monde était content de les voir ramassés par la BAPSA ; quant au lieu où ils étaient conduits, nul ne cherchait à en connaître les conditions d'accueil...

Ceux qui avaient échappé au regard des bleus pouvaient se rendre d'eux-mêmes dans quelques grands « asiles » ouverts dans la capitale, où l'on avait installé d'immenses dortoirs pouvant accueillir des centaines de personnes : la Ville de Paris avait ainsi installé un centre rue du Château-des-Rentiers dans le XIIIᵉ arrondissement, qui pouvait héberger environ 450 hommes dans des conditions très précaires. Certaines associations caritatives avaient créé des centres pour le fonctionnement desquels elles faisaient appel à leurs bénévoles ; la Mie de Pain pouvait accueillir jusqu'à 600 personnes ; le temps du repas servi par des lycéens était empreint de fraternité, et le lieu avait comme principe de ne refuser personne : certains soirs mémorables, par grand froid, il avait accueilli jusqu'à 750 personnes. Emmaüs avait installé une sorte de grand campement dans des locaux précaires, en attente de démolition, situés quai de la Gare, dans le XIIIe arrondissement.

Quelle que puisse être la générosité d'une telle démarche, qui visait à ne laisser personne dehors, on imagine bien l'atmosphère d'un lieu dans lequel sont entassés des centaines d'hommes ayant passé leur journée dans la rue, le froid, saouls pour la plupart, et prêts à réagir violemment à la moindre sensation d'agression.

Passé le moment du repas, qui permettait de reprendre quelques forces, la nuit était souvent difficile dans ces grands dortoirs aux lits superposés, livrés sans drap ni oreiller, avec pour seul confort des couvertures non désinfectées. L'État, pourtant en charge des sans-abri, ne soutenait ces associations que pour le strict minimum, comptant pour le reste sur le dévouement des bénévoles et la générosité des donateurs de ces associations.

Durant la nuit, la loi de la jungle s'imposait dans les dortoirs, où l'on était facilement volé ou agressé. Beaucoup dormaient tout habillés, avec leurs gros godillots, pour ne pas se faire voler, et déménageaient tout leur barda lorsqu'ils voulaient aller aux toilettes en pleine nuit. De plus, l'heure d'accès à ces centres était limitée à la fin d'après-midi et la sortie était plus que matinale.

Dans de telles conditions, on comprend que des SDF parmi les moins désocialisés aient refusé de se rendre dans ces centres et se soient planqués pour échapper au regard de la BAPSA. Ils craignaient la promiscuité, la violence des agressions, les poux, la gale, et préféraient subir le froid de l'hiver et risquer une mort éventuelle. Ce faisant, ils s'enfonçaient chaque jour davantage dans une indifférence absolue à leur propre sort, et finissaient par ressembler à ceux-là mêmes qu'ils fuyaient dans les premiers temps.

Si jamais l'envie, ou le besoin, les avait pris de venir dans ces centres au-delà des heures autorisées, dans la nuit, ils auraient trouvé porte close. Ils pouvaient alors chercher refuge dans les urgences des hôpitaux. En fonction de l'activité du service, ils y seraient soit tolérés par les équipes soignantes, qui les connaissaient bien, soit chassés par des vigiles.

En dernier recours, ils parcouraient les recoins des gares parisiennes, ou le métro dans lequel, avant la fermeture, ils cherchaient une planque. Ils devaient alors échapper à la surveillance des agents de la RATP, qui les envoyaient inéluctablement à Nanterre. Enfin, en cas de très grand froid, la RATP ouvrait une station de métro désaffectée, et tout le monde se sentait rassuré, même si les conditions de salubrité et d'hygiène y étaient très relatives ; aujourd'hui encore, lorsqu'il fait très froid, on entend certains élus ou journalistes réclamer l'ouverture de cette station de métro...

Dès le printemps, les centres allaient fermer, sauf Nanterre où la BAPSA de la préfecture de police et celle de la RATP continueraient de conduire les habitués toute l'année ; dans Paris, tout le monde passerait son chemin devant ces ombres allongées à terre, convaincu que le nécessaire a été fait en temps voulu et qu'il ne s'agit que d'un problème saisonnier... Les bénévoles allaient partir en vacances et reviendraient servir des soupes dès les premiers froids...

Tout d'un coup, au cœur de cet hiver 1993-1994, ceux qui refusaient de se rendre dans les centres historiques de la capitale et qui fuyaient les bleus virent venir jusque dans les recoins de leur planque des jeunes gens et des jeunes femmes au regard lumineux, qui leur serraient la main, les appelaient par leur nom en leur donnant du monsieur ou du madame, ce qui ne leur était pas arrivé depuis longtemps. De plus, ils leur proposaient d'autres destinations que ces grands centres honnis de tous.

Mais encore fallait-il que, parallèlement à la mise en place du Samu Social, soient ouverts des centres d'hébergement répondant aux critères de dignité, de propreté et de professionnalisme indispensables, à l'inverse de tout ce qui était pratiqué à Nanterre. Le temps des grands asiles du xixe siècle était terminé : la France pouvait offrir aux plus démunis de ses concitoyens un autre accueil et un autre accompagnement que celui qui, quand il n'était pas uniquement répressif, relevait à peine d'un service minimal.

À la demande de Jacques Chirac, la Ville de Paris trouva des bâtiments provisoirement vacants dans lesquels une association caritative serait chargée d'accueillir les personnes rencontrées par les équipes mobiles du Samu Social de Paris. Ces nouveaux centres d'hébergement d'urgence étaient accessibles toute la nuit, permettant aux équipes mobiles d'y accompagner les personnes rencontrées de 21 heures à 5 heures du matin. À toute heure, les sans-abri accompagnés par le Samu Social y étaient accueillis, un repas chaud leur était servi, et ils pouvaient dormir dans un drap propre après avoir pris une douche s'ils le souhaitaient. C'est à ces détails qui paraissent aujourd'hui évidents que l'on peut constater à quel point nous venions de franchir un pas de géant !

Il faut prendre en effet la mesure de ce que ces nouvelles dispositions signifiaient. Les institutions reconnaissaient enfin que de très nombreuses personnes échappaient aux services sociaux, ainsi qu'aux soins. Elles admettaient que l'on ne pouvait plus se contenter d'ouvrir de grands refuges asilaires, qu'il fallait créer des centres d'hébergement adaptés aux impératifs d'accueil du pays de la Déclaration des droits de l'homme.

Parce qu'il était issu d'une réelle volonté politique d'adapter les institutions françaises, et non d'une action associative basée sur la charité, le Samu Social de Paris allait, dès sa création, tirer le dispositif d'hébergement vers le haut. Désormais, l'État, au lieu de se défausser sur les associations qu'il indemnisait au lance-pierres en comptant sur la bonne volonté des bénévoles, allait accomplir plus sérieusement son devoir à l'égard des sans-abri. Un mouvement était en marche...

Les deux premiers centres ouverts pour le Samu Social (rue des Arbustes dans le XIVe arrondissement et rue Georges-Citerne dans le XVe arrondissement) ont tout de suite attiré beaucoup de monde. Ils n'étaient prévus que pour une soixantaine de personnes, ce qui limitait les inconvénients d'une trop grande promiscuité. De plus, comme les hébergés étaient accompagnés personnellement par les équipes mobiles, les portes s'ouvraient même pour des gens qui, compte tenu de leur état, auraient été difficilement acceptés dans un centre plus traditionnel.

Dans tous ces lieux, on avait cru bon – générosité ou naïveté ? –, sur le modèle de Nanterre, de promouvoir au rang de surveillant d'anciens sans-abri, pas tout à fait réinsérés, pas tout à fait guéris de l'alcool ; ceux-ci, trop fragiles, ne savaient pas gérer les situations difficiles et préféraient, dans le meilleur des cas, pratiquer l'évitement en refusant arbitrairement l'accès aux centres à tous ceux qui étaient trop alcoolisés, trop sales ou même handicapés ; dans le centre, lorsque la tension montait, ils la géraient à leur manière, souvent par la violence et l'exclusion du fauteur de troubles.

C'est contre toutes ces pratiques indignes que nous allions nous battre, pour que cesse ce scandale. Les lieux qui recevaient des sans-abri se devaient d'évoluer d'une mission asilaire aux prestations minimales, vers un hébergement d'urgence permanent, offrant un accueil chaleureux et professionnel ; de plus, il ne s'agissait pas de laisser les hébergés repartir au petit matin vers une hypothétique recherche d'emploi – d'autant plus improbable qu'ils n'étaient pas dans les conditions d'hygiène ni psychologiques de se présenter à un entretien d'embauche –, mais de leur permettre de rencontrer un travailleur social qui saurait évaluer leur situation et les orienter vers le service social compétent.

Tous les matins, sur le terrain, œuvrait avec passion et courage une « grande dame » du social, Madeleine Obry, qui compte parmi les piliers fondateurs du Samu Social. Conseillère technique au Centre d'action sociale de la Ville de Paris, elle nous fut détachée du fait de ses compétences en la matière, puisqu'elle avait créé la première permanence sociale parisienne, située place Mazas dans le XIIe arrondissement, dans laquelle elle avait mis en place l'accueil et le suivi social des personnes sans abri.

Elle assura les premières consultations dans les centres d'hébergement du Samu Social et contribua à faire admettre aux acteurs du champ concerné la nécessité d'un travail social en urgence permettant aux personnes les plus désocialisées de se remettre en lien avec les permanences sociales du droit commun.

Par la suite, dotée d'un grand talent de pédagogue, Madeleine allait se charger de former les centaines de travailleurs sociaux qui restèrent avec nous un temps plus ou moins long. L'essentielle mission d'apprivoisement, de création de liens, sur laquelle nous fondons toute notre action ne s'apprend pas dans les écoles de travailleurs sociaux, ni dans les écoles d'infirmières, ni même durant les études de médecine. Inlassablement, Madeleine expliquera la mission du Samu Social, décrira les caractéristiques de la population rencontrée, ses fragilités, sa souffrance, le professionnalisme qu'il convient d'adopter, la façon d'exercer utilement un travail social en urgence.

« Il convient d'opérer un renversement de nos pratiques sociales, dont l'objectif minimal devrait être le respect de leur dignité, l'allégement de leur souffrance, et la mise à disposition d'accueils mieux adaptés d'où ils ne seraient pas exclus par plus forts qu'eux et où des équipes très professionnelles et très chaleureuses, respectueuses des possibilités de chacun, mais assurant une présence stimulante et constante, seraient là pour accueillir, écouter, et permettre le lent et difficile retour dans le tissu social de la solidarité à partir duquel d'autres progrès pourront devenir possibles », écrit-elle [1].

À ses côtés, des assistantes sociales de choc assuraient, fait absolument inédit dans l'histoire de l'hébergement d'urgence, des consultations le matin dans les centres, et apprenaient à s'adapter à ceux qu'elles recevaient et qui ne seraient peut-être jamais venus leur parler derrière un guichet. Elles ont pris conscience qu'il y

1. Madeleine Obry, dossier « La grande exclusion au quotidien », *Journal du Samu Social de Paris*, mars 1996.

avait dans les rues de nos grandes villes des hommes, des femmes, des jeunes, des personnes âgées, parfois des familles, qui relevaient d'une action en urgence sociale immédiate et qu'elles ne voyaient pas dans les institutions où elles travaillaient.

Elles ont découvert que les clochards sont des personnes en grande détresse, qui ne demandent plus d'aide parce qu'ils ne sont même plus en mesure d'exprimer une demande, et que leurs besoins élémentaires d'êtres humains ne sont pas satisfaits : avoir un abri décent et sécurisant, une alimentation correcte, des vêtements propres, l'accès à l'hygiène et aux soins, et la possibilité d'être reconnus comme sujets de droits et de devoirs.

Elles ont compris qu'il fallait d'abord pourvoir à ce minimum avant d'entamer un travail social au long cours. Elles ont dû adapter leurs méthodes et mettre au point un travail social d'émergence afin de remobiliser ces personnes dans l'espoir de les faire accéder un jour aux structures officielles de réinsertion ; bien des fois, elles se sont préoccupées – avant de mettre en place des dossiers administratifs – de trouver en urgence à leurs « clients » des chaussures correctes pour qu'ils ne repartent pas dehors en plein hiver avec des sacs en plastique aux pieds ; elles ont dû faire preuve de beaucoup de psychologie et de délicatesse pour comprendre, à travers les refus de réaliser des démarches dans les différentes administrations, ces difficultés, qui étaient des blocages insurmontables.

« Il fallait revoir ma conception de la mission de travailleur social, écrit l'une d'elles. Ce n'était plus ma volonté d'insérer qui primait, mais le désir de l'usager. L'urgence, c'était d'abord la sienne, et je tâchais tant bien que mal d'y répondre. [...] Être assistante sociale au Samu Social, c'est être l'artisan de l'action sociale pour les oubliés de l'aide sociale. Nous allons les chercher sur le bord de la route, faisons un bout de chemin avec eux vers l'insertion sociale et professionnelle. Pour tous les cabossés de la vie que j'ai rencontrés là, j'ai appris qu'il était plus important d'apaiser et de soigner la détresse sociale plutôt que de vouloir à tout prix insérer, car il est des personnes pour qui cela reste difficile, voire impossible. Demain, peut-être, voudront-ils nous suivre et faire avec nous ce bout de route. À nous de leur montrer que tout n'est pas perdu et qu'il est possible de retrouver une place dans la société[1]. »

Il fallait aussi veiller à faciliter l'accès aux soins de tous ceux qui n'avaient plus aucun intérêt pour leur santé, d'autant que les consultations médicales réalisées à Nanterre avaient démontré que les maladies chroniques comme le diabète ou l'hypertension n'étaient jamais traitées à la rue, que la tuberculose réapparaissait dans des proportions qu'il fallait pouvoir évaluer, et que de nombreuses personnes souffraient de troubles psychiques, voire psychiatriques, non traités.

Ancien médecin-colonel des pompiers et médecin à la Croix-Rouge, Joseph Paradis effectua bénévolement tous les matins, et ce dès les premiers jours du Samu Social de Paris, des consultations médicales dans les centres d'hébergement. Il devint tout naturellement, en 1995, lorsque Xavier Emmanuelli entra au gouvernement, le médecin responsable du Samu Social.

Il mit alors en place des consultations médicales dans tous les centres d'hébergement d'urgence, ce qui constituait là encore une petite révolution dans les habitudes et les mentalités. Il permettait ainsi à des personnes très désocialisées, qui n'exprimaient plus aucune demande de soins, d'être repérées par les infirmières de nuit puis examinées le matin par le médecin généraliste du centre. Au besoin, celui-ci les orienterait vers une consultation spécialisée d'un hôpital parisien, où le fait de se présenter muni d'une lettre d'un médecin du Samu Social facilitait grandement l'accueil.

Toutefois, lorsque la personne ne paraissait pas en mesure de s'y rendre seule, il était nécessaire de l'accompagner. C'était par exemple le cas lorsqu'il était demandé

---

1. Fabienne Paolini, assistante sociale.

une consultation psychiatrique et que l'on craignait que le contact fût difficile. Bien souvent, l'assistante sociale accompagnait elle-même le patient au CPOA[1] de l'hôpital Sainte-Anne.

La nécessité de créer des lits infirmiers

Les rencontres effectuées par les équipes de nuit, grâce au diagnostic de l'infirmier, avaient permis de confirmer le très mauvais état général de santé des personnes sans domicile fixe. Celles-ci ne se présentaient jamais aux consultations médicales des hôpitaux ou fuyaient au bout de quelques jours d'hospitalisation, au grand soulagement des services dont elles perturbaient la sérénité et culpabilisaient le personnel soignant, qui voyait bien les limites de son action.

Les principales pathologies rencontrées étaient d'abord la traumatologie (coups et blessures, suite à des bagarres où à des chutes en état d'alcoolisation excessive) et la dermatologie (la peau étant l'expression de tout le mal-être intérieur). Leurs pieds meurtris, macérant des jours et des nuits dans des chaussures trop grandes ou trop petites, blessés par des kilomètres de marche dans Paris à la recherche d'un abri, étaient souvent couverts de très larges lésions, qui racontaient à leur manière, à coup d'odeurs insupportables, l'extrême misère de ces destins.

Enfin, de nombreuses pathologies relevaient de la psychiatrie, certains d'entre les sans-abri ayant déjà fait l'objet d'une hospitalisation psychiatrique mais ne suivant plus leur traitement. Il est du reste impossible de suivre sérieusement un traitement médical dans les conditions de vie qui sont les leurs.

Face à ces différentes souffrances, l'hôpital ne savait que répondre en urgence et de façon technicienne. Par ailleurs, pour tout ce qui concernait les suites normales

1. Consultation psychiatrique d'orientation et d'accueil à partir de laquelle les patients sont orientés vers un secteur psychiatrique.

de l'hospitalisation, les médecins n'avaient aucune réponse à offrir à ceux qui n'avaient pas de toit, et rédigeaient de belles ordonnances prescrivant tous les soins à faire réaliser au domicile du patient par une infirmière libérale ; puis ils les renvoyaient vers des services sociaux, eux-mêmes trop débordés pour trouver une solution.

Quand bien même on lui aurait trouvé une place dans un centre de convalescence, le SDF, trop alcoolisé, trop clochardisé, voire toxicomane, ne pourrait respecter le règlement intérieur de l'établissement et en serait exclu à coup sûr au bout de quelques jours. Ou de lui-même, dès les premiers rappels à l'ordre, il s'enfuirait et laisserait en plan, par exemple, le traitement pour la tuberculose qu'on lui a donné, fabriquant ainsi des bacilles de Koch qui résisteront aux traitements ultérieurs... Ou bien encore il partirait cahin-caha, avec une jambe à peine réparée, sans terminer sa rééducation, au risque de marcher à cloche-pied le reste de sa vie, comme nous le rappelle l'origine du mot clochard.

C'est ainsi qu'au fil des années, son corps sera de plus en plus meurtri et bancal et qu'il le laissera s'abîmer avec indifférence.

Pour toutes ces pathologies qui ne relèvent pas d'une hospitalisation, il fallait créer des centres d'hébergement d'urgence dans lesquels du personnel infirmier effectuerait les soins prescrits, et qui offriraient aussi des lits de repos pour ceux qui, s'ils avaient un domicile, garderaient tout naturellement la chambre en cas de grippe.

Un premier centre fut créé dès le 22 décembre 1993, dans un pavillon mis à notre disposition par l'hôpital Cochin. Il s'agissait de 30 lits vers lesquels l'infirmière des équipes mobiles de nuit orientait ceux qui avaient une grippe, une bronchite, un plâtre, ou qui semblaient très fatigués.

Nanterre, où Xavier Emmanuelli était toujours responsable de la consultation médicale, ouvrit 50 autres lits dès le 4 janvier 1994. Ils furent tout de suite saturés par la population ramassée par la BAPSA de la préfecture de police et de la RATP, preuve s'il le fallait de l'impérieuse nécessité de trouver une solution d'hébergement pour les sans-domicile dont l'état ne justifiait pas une hospitalisation au sens où les textes hospitaliers l'entendent.

Premiers débats

Que d'oppositions ces lits infirmiers n'ont-ils pas soulevées, notamment de la part d'associations œuvrant dans le champ humanitaire ! Quant aux syndicats de médecins généralistes, ils craignaient de nous voir détourner une partie de leur « clientèle » ! Le reproche qui était adressé avec le plus d'insistance au Samu Social était d'entériner et d'institutionnaliser le principe d'une médecine à deux vitesses ; une médecine de droit commun pour tous, et le Samu Social pour les pauvres !

Aux médecins qui redoutaient la perte de leur clientèle, Xavier eut tôt fait d'expliquer que les clochards que nous rencontrions en maraude ne fréquentaient pas leurs cabinets médicaux. S'ils le faisaient, il n'est pas tout à fait certain que cela aurait plu aux médecins, leur odeur ou leur alcoolisme faisant à coup sûr fuir leur clientèle habituelle.

Le débat se focalisa bientôt autour des 30 lits infirmiers ouverts au sein de l'hôpital Cochin : ils accueillaient les patients accompagnés par les équipes de nuit du Samu Social. Dès leur arrivée, l'infirmière du centre d'hébergement leur servait un repas, les aidait éventuellement à prendre une douche et à s'installer dans une chambre. Le matin, un médecin généraliste les examinait comme il l'aurait fait dans le cadre d'une visite à domicile, et prescrivait les soins à réaliser et le traitement à suivre. L'infirmière assistée d'une aide-soignante réalisait les soins et rappelait de prendre les médicaments, comme le ferait une maman ou une épouse à domicile. Bien plus que ces gestes techniques, elle donnait du soin relationnel, en écoutant et en communiquant avec tous ces êtres aux fractures multiples. Ces gestes créateurs de liens, qui ne

sont bien sûr pas codifiés par l'assurance-maladie, constituent l'essentiel du séjour dans les lits infirmiers.

Pour nos détracteurs, ce lieu était donc la preuve concrète de l'instauration d'une médecine à deux vitesses.
Ainsi s'ouvrait un faux débat, fondé sur des arguments
d'une mauvaise foi évidente. Car il était clair que si les
patients qui venaient là se faire soigner avaient un domicile, ces lits n'auraient pas existé. Il faut aujourd'hui l'admettre : l'hôpital moderne n'est plus l'Hôtel-Dieu du
début du siècle. On ne peut y occuper longtemps des lits
dont le coût journalier est exorbitant, du fait d'une techni-
cité croissante. Là comme ailleurs, les soignants ont dû
confronter leurs pratiques médicales aux impératifs de la
gestion d'une entreprise, et les médecins d'autrefois, qui
avaient peut-être un peu moins de connaissances, mais
qui savaient écouter et accompagner, ont vu les générations qui leur ont succédé transformées en super techniciens du soin.

Au fur et à mesure que le changement s'opérait, ils
abandonnaient les gestes simples qui permettaient la
compassion et l'accompagnement des malades. Or, plus
les personnes sont désocialisées, plus elles ont besoin
d'être accompagnées, comme le faisaient autrefois ceux
qui leur accordaient durant l'hiver l'asile de la salle
commune.

Jusqu'à la création de ces lits infirmiers, les personnes
sans domicile recevaient comme tout un chacun tous les
soins du plateau technique de l'hôpital mais, pour les raisons exposées, elles se retrouvaient inéluctablement à la
rue, avec des pansements qui s'infectaient, et des traitements non suivis, conduisant à plus ou moins courte
échéance à une nouvelle hospitalisation. Il y avait donc
pas mal de malhonnêteté intellectuelle à vouloir voir dans
cette initiative l'instauration d'une médecine pour les
pauvres.

Une anecdote illustrera la situation : un soir de juillet,
le véhicule de maraude du XIVe arrondissement rencontra
à Denfert-Rochereau un homme qui se traînait sur ses

béquilles, une jambe dans un plâtre cassé. Il n'était chaussé que des chaussons bleus en plastique que les chirurgiens portent en salle d'opération. Il faisait très chaud. L'homme était maigre et complètement déshydraté. À bord de la camionnette, un ministre faisait une tournée de nuit avec nous, découvrant brutalement la face cachée des institutions dont il était en charge.

Nous nous rendîmes tous ensemble aux urgences de l'hôpital Cochin, où le SDF fut à nouveau plâtré. L'équipe soignante le connaissait bien, c'était un habitué du secteur. Il n'y avait rien à reprocher au personnel de cet hôpital, qui avait fait correctement son travail dans un premier temps. Mais comment ne pas relever que nul n'avait paru gêné de voir repartir le malheureux sur ses béquilles, avec des chaussons en plastique aux pieds... Ce genre de détresse sociale était devenu fréquent et tout le monde avait banalisé le spectacle de cet homme blessé repartant cahin-caha ; aucun mouvement de solidarité ni de fraternité envers lui... Il n'était qu'un parmi tant d'autres dans l'anonymat de la grande ville... Heureusement que le hasard de la maraude nous avait portés vers lui : il put se reposer dans nos lits infirmiers.

Les détracteurs de ces centres d'hébergement allaient conduire à la constitution d'une commission d'enquête à la demande de l'AP-HP qui se voyait accusée en même temps que nous de favoriser l'institutionnalisation d'une médecine à deux vitesses. Finalement, les professionnels chargés de mener une sorte d'audit de ces lits reconnurent que « ce type d'unités constituaient un domicile de substitution temporaire » que l'hôpital ne pouvait pas assurer et nous donnèrent l'autorisation d'en poursuivre l'activité d'hébergement et de soins légers.

Bilan du premier hiver

Le Samu Social avait été créé en novembre 1993 de façon expérimentale, dans un premier temps pour l'hiver, et il était convenu d'en dresser un bilan au mois de mars 1994, afin d'en évaluer les résultats.

Au terme de ce premier hiver, les résultats de cette nouvelle activité sont déjà multiples : l'action de maraude des équipes mobiles dans les rues de Paris a fait ses preuves. Elle a permis de démontrer qu'une vaste population de très grands exclus échappait à tout regard médical et social. Elle a rendu plus commune l'idée selon laquelle, auprès de cette population en grande désocialisation, on ne pouvait plus aujourd'hui utiliser des méthodes coercitives, mais qu'il fallait avant tout créer des liens avec elle afin de la ramener en douceur dans tous ses droits de citoyens.

À côté de ces premiers résultats, indéniablement positifs, la création du Samu Social n'a pas manqué de souligner les graves manques du dispositif de soins, en premier lieu le besoin de lits infirmiers.

La seule chose que l'on pouvait dire, au printemps 1994, était que 30 lits infirmiers sur Paris et 50 sur Nanterre ne pouvaient répondre aux besoins, et qu'il en fallait environ le triple.

À Paris, le Samu Social allait ouvrir en 1994 un deuxième centre de 50 lits rue de la Colonie, dans le XIII⁰ arrondissement, en partenariat avec la Croix-Rouge française. Deux autres centres de 30 lits chacun furent mis en place en 1995 et 1996, le premier à l'hôpital Corentin-Celton d'Issy-les-Moulineaux, le second à l'hospice Saint-Michel, dans le XII⁰ arrondissement, lors de son inauguration.

En septembre 1997, 170 lits infirmiers ont reçu l'agrément de la Caisse primaire d'assurance maladie pour le Samu Social de Paris, et la loi sur les exclusions, votée en 1998, allait en entériner le principe.

Bien évidemment, il ne s'agit là que de solutions palliatives, car rien ne remplacera jamais un logement et une famille chaleureusement unie autour du malade...

En deuxième lieu, le Samu Social a rapidement mis en évidence la nécessité de faire évoluer l'accueil aux urgences des hôpitaux. Il a permis à la direction générale de l'Assistance publique-Hôpitaux de Paris de sensibiliser ses services à l'obligation d'accueil et de soins qui pèsent sur eux, quel que soit l'état ou la situation sociale des personnes qui s'y présentent.

Les premières semaines, lorsque les équipes mobiles ont commencé à défiler toutes les nuits aux urgences des hôpitaux, avec des SDF pas toujours très présentables, l'accueil fut mitigé, surtout les nuits d'activité intense ; il est vrai que, dans des services parfois en sous-effectifs, lorsque l'équipe soignante a simultanément à faire face à un infarctus chez un homme de quarante-cinq ans et à une jeune femme qui arrive avec un diagnostic de grossesse extra-utérine, et que le Samu Social débarque et impose un SDF, par ailleurs bien connu du service, complètement alcoolisé et puant, l'ambiance est plutôt tendue.

Aussi y eut-il quelques pénibles ratés, comme ce triste soir où une équipe qui avait déposé un clochard assez mal en point aux urgences d'un hôpital repassa en fin de nuit et le trouva sur un brancard dans l'entrée du service, mort sans avoir eu le temps d'être examiné... Cette nuit-là, l'activité des urgences avait été particulièrement intense, et ce malheureux clochard avait la malchance d'être un habitué des lieux. Il venait souvent y cuver son vin. Personne ne perçut l'urgence de son cas, et c'est l'un des vrais problèmes rencontrés avec cette population en situation extrême : le risque de banaliser son état. Ce fut une leçon pour tous.

Petit à petit, les équipes des urgences s'habituèrent à nous voir arriver. Restaient bien quelques médecins grognons nous accusant d'avoir fait apparaître des gens qui ne demandaient rien. Mais au bout du compte, grâce à la ténacité des infirmières des équipes mobiles, qui défendaient fermement leur diagnostic, avec le soutien du médecin d'astreinte, ceux qui avaient besoin d'être hospitalisés le furent, et bien des vies furent sauvées.

Parallèlement, le Samu Social a servi de révélateur à des problèmes sociaux latents qu'il était temps de surmonter. Il a montré les carences de l'hébergement d'urgence, que ce soit le manque de places dans les centres d'hébergement ou la précarité de ces centres mêmes et les conditions d'accueil qui y étaient offertes – hygiène, sécurité et manque de professionnalisme des accueillants –, lesquelles entraînaient un bon nombre des personnes rencontrées à refuser d'y rester.

De même la mise en place des consultations médicales et sociales le matin dans les centres a-t-elle pu souligner l'absurdité des horaires d'ouverture de ces lieux, totalement irréalistes, le manque de places adaptées (pour les femmes, les jeunes, les couples, les familles...) et le manque de structures spécialisées pour ceux qui sortent de l'hôpital psychiatrique, ou pour les toxicomanes.

Les équipes mobiles ont révélé que les plus exclus étaient habituellement refusés dans les centres d'hébergement classiques... Il fallut les imposer aux surveillants de ces centres, qui souhaitaient avant tout préserver la tranquillité des lieux, et préféraient héberger des SDF calmes, sans se soucier de la détresse physique ou morale des plus désocialisés.

Peu à peu, les équipes, qui avaient parfois passé des soirées à les convaincre de venir, réussirent à les faire accepter dans les centres ; les infirmières et les travailleurs sociaux en aidaient certains à se laver pour faciliter leur acceptation dans un lit et palabraient longuement avec le responsable du centre pour imposer leurs « invités » pas toujours très convenables : il fut très difficile par exemple de faire admettre dans les centres des sans-abri transsexuels, dont l'identité perturbait grandement les surveillants qui ne savaient plus à qui ils s'adressaient, ni de quel côté les installer : côté homme ou côté femme ?

De même, il fallut discuter longuement avec les services spécialisés dans l'accueil des urgences psychiatriques pour faire admettre des personnes manifestement en grande souffrance psychique. Frustrées, les équipes repartaient souvent avec des patients qu'elles devraient imposer dans les centres d'hébergement, alors qu'à l'évidence leur place était dans un service plus adapté ; la communi-

81

cation était d'autant plus difficile que les psychiatres craignaient plus que tout de voir « psychiatriser » la misère ; nous n'avions pas encore assez de recul pour porter des jugements abrupts, mais l'institution psychiatrique se méfiait d'instinct du diagnostic porté par les équipes mobiles du Samu Social.

De façon plus inattendue, le Samu Social servit également de révélateur à une très importante population de « moins exclus ». Tandis que les équipes mobiles maraudaient dans les rues, un numéro de téléphone permettait aux particuliers, aux commissariats, etc., de signaler au Samu Social les personnes semblant en grande détresse dans un coin ou un autre de Paris. La surprise fut de découvrir que ce numéro, pourtant payant, fut rapidement pris d'assaut par des personnes sans domicile fixe, mais sensiblement moins désocialisées que celles auxquelles la mission de maraude s'adressait, et qui appelaient en nombre pour demander à être prises en charge.

Or, à l'origine, le Samu Social n'était destiné qu'à ceux qui ne sont plus en mesure de demander de l'aide ; en allant à la rencontre de personnes qui auraient pu trouver une solution de jour, il allait partiellement se détourner de sa mission première, en devenant une sorte de « taxi social » au profit des moins exclus ; bien sûr, nous demandions aux équipes mobiles de faire un tri, et de ne prendre que les personnes en grande détresse, sociale ou médicale. Mais en réalité, nous leur demandions l'impossible, car comment refuser telle personne et accepter telle autre ? Comment dire à la première que l'on ne peut pas la mettre à l'abri sous prétexte qu'elle n'est pas suffisamment désocialisée ?

De plus, cette population, en général plus jeune, déjà dans la galère, qui refusait les centres tels que Nanterre ou la Mie de Pain pour ne pas être mêlée aux clochards, avait tout de suite été séduite par les deux nouveaux centres mis en place par le Samu Social. Ceux-ci offraient effectivement un accueil tout à fait acceptable ; aussi prenait-elle d'assaut dès 20 h 30 notre numéro de téléphone pour se signaler, ou se présentait spontanément devant les centres qui n'avaient pas assez de places à leur offrir. Certains bloquaient les véhicules du Samu Social et agressaient les équipes.

Le système des signalements téléphoniques, s'il pouvait parfois détourner le Samu Social de son objectif – aller à la rencontre des plus exclus –, répondait manifestement à une autre demande, plus latente, encore informulée, des « moins exclus » parmi lesquels on observait beaucoup de jeunes et de personnes ayant un petit boulot ou un travail au noir.

Si le Samu Social, dans sa mission de maraude, n'est pas conçu pour leur venir en aide, il ne pouvait pas non plus ignorer cette population très exigeante aujourd'hui mais qui risquait de venir grossir à terme le flot des clochards.

Quoi qu'il en soit, le bilan de ces premiers mois était suffisamment éloquent pour que le dispositif, d'abord mis en place dans un premier temps pour l'hiver, se poursuive à un rythme plus réduit de la fin avril jusqu'à la mi-octobre 1994, avant de reprendre ses forces pour l'hiver suivant.

Le printemps marquait la fermeture traditionnelle des centres d'hébergement d'urgence, et le Samu Social ne pourrait mettre tout le monde à l'abri ; seul Nanterre restait ouvert, mais après avoir connu les nouveaux centres, rares étaient ceux qui acceptaient de s'y rendre encore, d'autant que le Code pénal venait de supprimer le délit de vagabondage. Du même coup, la BAPSA de la préfecture de police n'était plus autorisée à faire monter de force les SDF dans leurs bus. La brigade poursuivrait néanmoins son action, sur un mode moins coercitif, sous l'autorité d'un nouveau responsable, le lieutenant Denêtre, qui avait une vraie sensibilité face à la souffrance des plus démunis et allait se donner les moyens d'humaniser la mission qui lui était confiée ; quant au CHAPSA de Nanterre, il restait en l'état, et l'accueil y était toujours aussi dur.

Les mois d'été qui suivirent ce premier hiver allaient montrer la nécessité d'ouvrir les centres toute l'année. En effet, à partir du moment où l'on va chercher des gens et où l'on recrée des liens avec eux, il faut bien leur proposer des abris. Les équipes mobiles du Samu Social continuaient toujours à marauder et à rencontrer les plus désocialisés. Mais leurs efforts étaient contrecarrés par le manque de places disponibles. Il était encore communément admis que, l'été, les SDF pouvaient bien dormir dehors... alors même que les médecins de Nanterre constataient des morts par hypothermie surtout au printemps et en été.

Il fallait traiter autrement le problème de la grande exclusion : l'officialisation du Samu Social en décembre 1994 allait marquer la volonté des pouvoirs publics d'avancer dans ce sens.

4

ENGAGEMENTS OFFICIELS

La création d'un GIP [1]

É tape essentielle de la lutte contre la grande exclusion, la création du Groupement d'intérêt public Samu Social de Paris va également constituer un moment déterminant de mon existence. Depuis le choc que j'avais ressenti, à Nanterre, face au spectacle de la très grande pauvreté, je m'impliquais sans relâche comme membre bénévole du Samu Social aux côtés de Xavier. Pour dire la vérité, je ne pensais pas aller au-delà de cet engagement militant.

Je travaillais toujours pour les laboratoires Servier, et mes fonctions me passionnaient. J'avais atteint un niveau de réussite professionnelle qui me permettait de vivre très agréablement, ce qui, d'une certaine manière, récompensait ma mère de tous ses sacrifices : ma promotion étant la sienne, elle pouvait garder la tête haute face à tous ceux qui nous avaient prédit le pire des destins. L'esprit en paix, elle se consacrait désormais à l'éducation de mes enfants. Merveilleuse grand-mère, elle veillait sur leurs devoirs, allait les chercher à la sortie de l'école et leur donnait tout son amour.

Je pouvais ainsi m'investir dans mon travail et courir le monde, sachant mes enfants en toute sécurité. Cette situation idéale me permettait de réaliser mes rêves tout

1. Groupement d'intérêt public.

85

en n'éprouvant aucune culpabilité. Mais la création du Samu Social allait rapidement bouleverser la belle logique de cette existence.

En effet, les semaines passant, la cause des plus démunis devenait pour moi une véritable priorité. J'« évangélisais » tous ceux que je rencontrais. Je tentais de leur faire prendre conscience de la gravité de l'exclusion dans laquelle vivait une partie croissante de nos concitoyens. Tous les soirs, après ma journée de travail, lorsque je n'étais pas en déplacement professionnel, je courais rejoindre les équipes du Samu Social. Sur le terrain, je pouvais mesurer l'ampleur des actions qu'il nous restait à mener si nous voulions réellement changer la condition des malheureux que nous découvrions dans les recoins de la grande ville.

La volonté de Jacques Chirac de pérenniser le Samu Social allait précipiter les choses et changer ma destinée. Je l'avais maintenant rencontré à plusieurs reprises. Il pensait, avec Xavier, que j'étais la personne de la situation pour faire fonctionner le Groupement d'intérêt public qui était en train de s'élaborer. Un matin de décembre 1994, il me convoqua dans son immense bureau de l'hôtel de ville et aborda le sujet sans détour :

« Dominique, me dit-il, je souhaite que vous preniez la direction du Samu Social, car je connais vos qualités de gestionnaire et d'organisatrice, et toute la passion avec laquelle vous vous êtes investie jusqu'à présent dans sa création. »

Je me permis de lui faire remarquer que je travaillais toujours pour une entreprise dont il connaissait bien le président, et que je ne pouvais la quitter immédiatement sans le moindre préavis. L'argument ne le fit pas broncher. Il me répondit du tac au tac qu'il allait appeler M. Servier immédiatement pour qu'il me libère le plus vite possible, et il se précipita vers le bureau de sa secrétaire. Je lui demandai alors de me laisser vingt-quatre heures, le temps de prévenir mon patron que je souhaitais informer moi-même directement avant l'appel du maire de Paris.

L'entretien s'achevant sur ces mots, je sus à cet instant que ma vie prenait un nouveau tournant... Je décidai intérieurement d'accepter le poste de directeur général du GIP : j'avais l'impression un peu irrationnelle que mon destin était en train de se dessiner dans ce bureau.

Je vis l'après-midi même M. Servier. Surpris de ce que je lui annonçais, il me regarda d'un air étrange. J'avais préparé à son intention un dossier de présentation du Samu Social, et je lui expliquai à quoi je consacrais tout mon temps libre et mes soirées parisiennes depuis plus d'un an. Il m'écouta avec beaucoup d'attention, me fixant de son regard bleu acier, tentant sans doute de comprendre ce qui se passait en moi ; puis il finit par me dire : « Je savais les femmes corses passionnées, mais pas à ce point ! Je crois inutile de chercher à vous convaincre... Que dois-je dire au maire de Paris lorsqu'il me téléphonera ? »

C'est ainsi que j'ai démissionné, en janvier 1995, de mes fonctions dans cette entreprise réputée au sein de laquelle je me sentais pourtant si bien pour suivre un chemin autrement incertain, munie d'un CDD de deux ans, auprès d'un médecin des pauvres et d'un homme politique qui était à cette époque, on peut le rappeler, au plus bas des sondages. Mais la foi en un projet et en des hommes ne se raisonne pas toujours. À certains moments clés de son existence, il faut savoir prendre des risques.

J'avais décidé de n'écouter que mon intuition et mon cœur, et ceux-ci me poussaient à lutter de toutes mes forces contre l'exclusion, peut-être dans une sorte de revanche sur un passé qui était fugitivement réapparu le jour de ma visite à Nanterre.

Le brutal décès de ma mère, survenu en mai 1994, avait certainement joué en faveur de cette décision, et m'avait ramenée aux valeurs essentielles de la vie. Jusqu'à ce jour, j'étais comme une enfant insouciante : tous ces voyages, ces rencontres brillantes avec les plus grands chercheurs, ces réceptions dans les plus beaux palaces du monde, bien que, je le savais, loin de la vie réelle, m'enchantaient.

Ma mère, si fière de me voir dans une situation valorisante, aurait certainement cherché à me dissuader de quitter les laboratoires Servier pour le Samu Social. Après tout, elle avait mis toute son énergie à nous sortir de la misère, elle n'aurait pas compris ce choix, qu'elle n'aurait pas vu comme une promotion.

Elle mourut d'une maladie foudroyante, sans que j'y sois préparée. Je l'accompagnai tout au long de ces six semaines d'hospitalisation, en croyant tout le temps que les médecins qui avaient prédit une mort rapide s'étaient trompés, car jusqu'au bout elle garda son incroyable énergie. Heureusement, le père François, aumônier de l'hôpital Cochin, qui avait enseigné le catéchisme à mes enfants, passait la voir tous les jours et lui apportait ce message d'espérance et de pardon dont elle avait tant besoin, elle qui se croyait une grande pécheresse.

Tandis que celle qui m'avait donné la vie et m'avait aimée plus que tout mourait dans mes bras, je pensais – en récitant avec espoir le « Je vous salue Marie » –, à son destin, à la dureté de l'époque dans laquelle elle avait vécu, à ses souffrances, à ses sacrifices, à sa solitude, à son extraordinaire courage et à la force de sa volonté.

Je comprenais que j'étais orpheline et que j'allais désormais affronter la vie sans plus jamais me faire consoler par ma mère. Mais je savais aussi la puissance de l'amour qu'elle m'avait porté et, tandis que son souffle s'éteignait lentement, je sentais que passait en moi une force supplémentaire qui m'accompagnerait dans les combats à venir.

À *la tête du Samu Social de Paris*

Ma mission essentielle comme directrice générale du GIP revenait peu ou prou à créer de toutes pièces une entreprise. Jusqu'alors, les différents éléments regroupés sous l'appellation de Samu Social n'existaient que de manière embryonnaire et informelle, sans unité géographique ni budgétaire. Il fallait mettre en place une comptabilité, des services généraux, veiller au recrutement et à la formation du personnel, concevoir la logistique...

J'avais le handicap ou l'avantage de ne pas connaître le secteur social, ni celui de la haute administration. Animée par des convictions qui devaient me permettre de soulever des montagnes, je portais donc un regard totalement neuf sur les problèmes rencontrés et j'affrontais les obstacles avec l'esprit conquérant de celui qui a été formé par l'entreprise privée. J'ai retroussé mes manches et pris mon courage à deux mains : je devais réussir.

Sous sa première forme, le Samu Social fonctionnait grâce à la volonté politique de Jacques Chirac et aux apports informels des différents partenaires. Il nous fallait désormais pérenniser cette action. En effet, d'abord créé pour l'hiver, le Samu Social de Paris avait très vite montré la nécessité de fonctionner douze mois sur douze. À l'évidence, pour toute une population qui en était d'ordinaire exclue, ce dispositif d'urgence s'imposait comme la porte d'accès aux institutions médicales ou sociales. Entraînées par Jacques Chirac, dont l'action fut relayée avec conviction par son successeur, Jean Tibéri, celles-ci étaient prêtes à participer de façon continue au fonctionnement de cette mission hors normes qu'elles n'étaient pas elles-mêmes en mesure d'assurer.

L'État-Dass[1], parce que c'était son devoir, l'Assistance publique, parce que ses services d'urgence étaient submergés par des SDF souvent porteurs d'une demande plus sociale que médicale, la RATP et la SNCF, parce que leurs réseaux et leurs gares constituaient autant de lieux de vie pour beaucoup de sans-abri, la Caisse des dépôts et consignations enfin, dont l'objectif est d'amener le maximum de personnes à bénéficier d'un logement.

D'autres partenaires étaient également partie prenante de l'aventure. L'hôpital de Nanterre, parce que Xavier Emmanuelli s'occupait de la consultation médicale du CHAPSA ; la FNARS, qui fédérait les associations de réinsertion sociale de la région Île-de-France et qui avait

1. Direction des affaires sanitaires et sociales.

soutenu ce projet depuis sa création, marquant ainsi la volonté du champ associatif d'adhérer au concept révolutionnaire qui était le nôtre : traiter l'urgence sociale de ceux qui ne demandent plus rien.

Le choix de la forme juridique retenue pour coordonner ces partenaires déterminerait les contours à venir du Samu Social. L'idée n'était pas de reconstituer une administration supplémentaire qui se spécialiserait dans la médecine ou le travail social à destination des pauvres, mais de marquer la nouvelle volonté des pouvoirs publics de ramener les plus exclus dans le droit commun où ils seraient traités comme tous les citoyens.

Les pouvoirs publics étant créateurs du Samu Social, une association loi 1901 ne semblait pas la meilleure formule pour les réunir. L'association concerne davantage un groupe de citoyens qui décident de se regrouper autour d'un projet culturel ou humanitaire.

Au contraire, la forme juridique du groupement d'intérêt public permet à des personnes morales, de droit public ou de droit privé, de mettre en commun des moyens en vue de réaliser une action d'intérêt général dans le domaine de l'action sanitaire et sociale. C'est ainsi que le GIP Samu Social de Paris a été créé pour une première période de quatre ans, rassemblant comme on l'a vu à la fois des organismes publics et le monde associatif, via la FNARS, mais aussi des entreprises privées telle la Lyonnaise-des-Eaux.

Par la suite, d'autres grandes entreprises publiques nous ont rejoints, EDF et GDF, pour des raisons faciles à comprendre : les premiers signaux de la précarité apparaissent lorsque l'on commence à ne plus pouvoir payer ses notes d'électricité ou de gaz. De ce fait, EDF et GDF sont devenus des acteurs majeurs dans la lutte contre les exclusions. Ils ont donc décidé de devenir membres du GIP Samu Social de Paris afin de venir en aide à ceux qui ne sont plus en mesure de bénéficier de leurs prestations indispensables.

De telles grandes entreprises, par leur dimension et leur mission, sont touchées de plein fouet par les grands bouleversements sociaux, qui en font bien malgré elles des vitrines de la précarité française. Elles ont fait le choix de placer haut le fanion de l'entreprise citoyenne, en soutenant dans toute la France des actions de lutte contre l'exclusion. À Paris, elles se sont engagées auprès du Samu Social en mettant à sa disposition des moyens de transport et des hommes et femmes qui quittent la SNCF ou EDF et GDF pour travailler auprès des plus démunis durant un an, deux ans ou plus.

C'est ainsi que tous les membres réunis au sein d'un groupement d'intérêt public se sont engagés à permettre la réalisation de la mission du Samu Social en mettant à disposition des moyens – que ce soit des locaux, du matériel ou du personnel – ou des subventions.

Un comité de parrainage d'entreprises citoyennes

Si le budget de fonctionnement du GIP provient des pouvoirs publics et de structures parapubliques, il m'est très vite apparu indispensable d'associer d'autres partenaires privés, afin de pouvoir apporter aux plus démunis non seulement l'essentiel, mais aussi les petits plus qui permettent de se réhabiliter plus vite.

Dans la logique de ce raisonnement, il fallait associer des entreprises privées à cette action de solidarité collective. Le premier grand patron à nous avoir suivis dès la création, et soutenus depuis, est Jérôme Monod, président de Suez-Lyonnaise-des-Eaux. D'autres patrons allaient nous rejoindre bien vite au sein d'un comité de parrainage d'entreprises citoyennes.

L'exclusion est aujourd'hui l'affaire de tous, pouvoirs publics, entreprises et particuliers ; s'il est normal que l'État indique le chemin et mette en place les dispositifs permettant aux plus défavorisés de garder leur dignité, il est essentiel que le reste de la société montre sa solidarité ; aujourd'hui, en ces temps de chômage massif, il est peu de salariés qui ne soient pas inquiets de leur sort. L'exclusion de ceux qui vivent à la rue reste une angoisse latente.

91

En s'engageant auprès du Samu Social, le chef d'entreprise exprime à ses collaborateurs son adhésion à une certaine vision de l'homme. Peut-être dit-il aussi indirectement qu'il aura ce même regard chaleureux le jour où le salarié connaîtra des difficultés personnelles qui le fragiliseront, ou bien le jour où, du fait de la conjoncture économique, son entreprise sera en difficulté.

À l'intérieur de l'entreprise, le choix de cette action utile auprès du Samu Social, sans objectif commercial – on ne se fait pas de publicité en aidant les pauvres –, permet également de sensibiliser les salariés qui ne le seraient pas à la réalité de cette exclusion qui frappe à leur porte.

Tous les patrons que j'ai rencontrés au cours de mes démarches m'ont impressionnée par leur humanité, leur humilité et la simplicité avec laquelle ils m'ont donné leur accord ; ils ont tous eu cette délicatesse de me préciser que non seulement nous devions nous considérer comme des clients vis-à-vis de la prestation reçue, mais plus encore, car les gens dont nous nous occupions avaient tout perdu et méritaient toutes les attentions.

Ceux qui ont accepté de nous aider ont en commun ce même regard sur leur prochain ; ils se sont regroupés dans un comité de parrainage qui soutient ponctuellement certaines actions dont nous reparlerons ou certains projets nouveaux : le remplacement du parc automobile et la prise en charge de son assurance, la restauration pour les hébergés, un nouvel espace santé à l'hospice Saint-Michel, l'espace optique, l'ameublement des centres d'hébergement, leur décoration (lithographies), l'entretien et l'hygiène de l'hospice Saint-Michel, la mise à disposition d'un entrepôt, le soutien au standard du 115 en cas de grand froid, la création du site Internet du Samu Social, l'accès aux sports et aux loisirs pour les personnes en voie d'insertion, l'Observatoire de la grande exclusion et de la grande précarité du Samu Social de Paris et les études épidémiologiques menées dans ce cadre, etc.

La charte de ce comité précise en outre que « l'évolution de notre société nécessite de développer de la part de l'État solidaire, des institutions caritatives et des entreprises sources de créativité, une synergie d'efforts visant à servir l'intérêt général ».

On y retrouve des « entreprises décidées à jouer un rôle d'acteur social et à relever les grands défis que pose notre société moderne », comme le groupe Accor, Alain Afflelou, les laboratoires Bouchara, la Compagnie parisienne de chauffage urbain (CPCU), DDB-DDB Interactive, Docks des peintures, EDF, GDF, Essilor, la fondation Pfizer, Forest Hill-les hôtels, Hôpital service, la Poste, Lilly France, la MACIF, Citéa Services, la Mutualité française, les laboratoires Pasteur-Cerba, les laboratoires Pierre Fabre, PSA Peugeot-Citroën, Sanofi, Servier, Sofincar, la Sogeres, Suez-Lyonnaise-des-Eaux, Thor, les laboratoires Wyeth Lederle.

Les lois de l'entreprise adaptées à l'action sociale

Pour ma part, venant du secteur privé, j'ai spontanément appliqué les lois de la gestion de l'entreprise au service de la cause qui m'était confiée. J'ai toujours gardé en tête le principe selon lequel c'est l'institution qui doit s'adapter aux personnes, et non l'inverse ; il me semblait y voir une analogie avec les objectifs de l'entreprise privée, qui doit toujours s'adapter aux besoins de ses clients ; celle qui ferait l'inverse serait condamnée inévitablement à la faillite... Le professionnalisme était indispensable : la mission des équipes mobiles de nuit ne devait souffrir d'aucun amateurisme ; pour cela, il fallait mettre en place une organisation logistique qui serait la charpente de ce dispositif d'urgence, permettant aux équipes d'accomplir leur travail dans la sérénité ; au moment du départ, tout devait avoir été préparé à l'avance et les équipages de conducteurs, infirmiers et travailleurs sociaux devaient garder leur énergie pour les rencontres de la nuit.

Chantal Tassin, que je connaissais de longue date et en qui j'avais toute confiance, nous rejoignit bientôt pour mettre en place le département logistique, qui est le nerf de la guerre au Samu Social ; sa rigueur et son caractère particulièrement trempé lui permettent de faire appliquer à la lettre les procédures draconiennes qui sont le garant du respect de la mission.

Bien évidemment, alors que nous avons mis en place toutes ces procédures, il nous arrive pourtant de les transgresser, en fonction des circonstances, car nous gérons avant tout des situations humaines... C'est ainsi que nous avons fait émerger un dispositif à la fois très structuré et suffisamment souple pour s'adapter en permanence aux problématiques rencontrées.

Rien n'aurait pu se faire sans le concours de collaborateurs fidèles et efficaces, ces collaborateurs de l'ombre que l'on ne voit jamais dans les reportages sur le Samu Social, où les travailleurs de terrain tiennent d'habitude la vedette. La première année, le staff administratif, ainsi que les budgets alloués à ce poste, étaient réduits à leur plus simple expression. Une toute jeune fille, Anne Constance Onghena, m'accompagna dans ces débuts.

En 1993, alors qu'elle était élève de l'École supérieure de commerce de Compiègne, elle avait organisé une opération « pièces jaunes » au profit du Samu Social de Paris, au terme de laquelle elle avait rassemblé quelque 21 000 francs, qu'elle avait remis sous forme de chèque à Xavier Emmanuelli et Jacques Chirac au printemps 1994. Âgée de vingt et un ans, elle avait demandé à effectuer son stage de fin d'études au Samu Social.

Avec enthousiasme et générosité, elle participa à mes côtés au montage de tous les dossiers, ne ménageant ni son temps ni son énergie à m'assister ; malgré son inexpérience, sa fidélité et le courage de sa jeunesse me furent bientôt très précieux. Je décidai donc de l'embaucher comme assistante et elle finit par s'occuper de la communication, ce qui correspondait à sa formation initiale. Après presque quatre ans d'engagement total, elle nous a quittés pour voler vers d'autres horizons. Elle n'a que vingt-cinq ans, mais déjà une sacrée expérience !

Dès ma prise de fonction, je compris qu'il me fallait une personne de confiance qui s'occuperait de la gestion du personnel et de la comptabilité ; je recherchais la personne qui aurait une grande expérience de ces questions ; la difficulté résidait dans le fait de trouver quelqu'un qui accepterait un CDD, seul type de contrat que nous pouvions proposer dans le cadre d'un GIP lui-même à durée déterminée. Je décidais de favoriser l'embauche d'une personne au chômage qui, du seul fait de son âge, et sans égard pour ses compétences et son expérience, avait du mal à retrouver du travail.

C'est ainsi que je découvris Sylvaine Pancher ; j'avais reçu une centaine de réponses à mon annonce demandant une secrétaire-comptable ; je n'avais retenu que deux curriculum vitae ; lorsque je l'ai rencontrée, sa gentillesse et la fidélité de son parcours professionnel – elle n'avait travaillé que dans deux entreprises en l'espace de vingt ans – m'ont conquise : je sentais que je pourrais avoir confiance en elle.

Elle s'est donc chargée de mettre en place, avec l'expert-comptable M. Gabay, la comptabilité du GIP et la gestion du personnel ; elle a su faire face à l'évolution fulgurante d'une structure qui s'est vu chaque année confier de nouvelles missions. Mettant toute son énergie, sa compétence et son dévouement au service de la cause des plus défavorisés, elle assure aujourd'hui la paie de plus de 200 personnes. Au Samu Social, les écritures comptables trouvent tout leur sens, puisqu'il s'agit toujours de régler des dépenses devant servir aux plus démunis. D'où une gestion rigoureuse des fonds, pour lesquels tout gaspillage est sévèrement proscrit par Mme Pancher. Je sais aujourd'hui la chance que nous avons eue de pouvoir bénéficier de ses vingt ans d'expérience dans un domaine qui ne s'improvise pas.

C'est une véritable aubaine, lorsque l'on est chargée de mettre en place un dispositif aussi important que le Samu Social, que d'être épaulée par des collaborateurs qui vous vouent une confiance absolue et donnent le meilleur d'eux-mêmes. Les savoir à mes côtés me redonnait du souffle quand, à une lourde journée, succédait une longue nuit auprès des équipes de maraude.

Depuis, le service s'est agrandi et plusieurs collaborateurs ont grossi l'équipe initiale. Roland Lévèque est venu apporter son savoir-faire de directeur financier et de spécialiste des ressources humaines, et mettre toute sa passion à recruter des personnels correspondant à l'esprit et à la philosophie de la mission.

Au Samu Social de Paris, le recrutement fait en effet l'objet d'un soin tout particulier, car les critères d'embauche sont singuliers : nous ne pouvons pas par exemple nous contenter d'un diplôme, ni même d'une série d'expériences professionnelles ; nous avons besoin de personnes susceptibles de porter très haut l'esprit de la mission, dotées d'une vraie capacité d'abnégation, pouvant accepter la souffrance, la crasse, les innombrables difficultés de ceux qu'ils rencontreront, et sur lesquels il leur faudra toujours poser un regard de fraternité, exempt de tout jugement. Ce ne sont pas là des qualités si fréquentes. Roland est vite devenu l'adjoint indispensable pour gérer cette structure de près de 250 collaborateurs tandis que Marie-France, mon assistante, jongle toute la journée avec mes emplois du temps infernaux tout en me maternant avec beaucoup de délicatesse.

L'hospice Saint-Michel : un lieu pilote

On se rappelle que, durant notre première année de fonctionnement, le Centre d'action sociale de la Ville de Paris avait mis à notre disposition, tous les soirs de 20 h 30 à 5 heures du matin, le dispensaire de l'avenue René-Coty ; mais cette utilisation restait forcément provisoire.

Dès lors que l'action du Samu Social se voyait pérennisée, qu'il devenait lui-même une institution autonome, il fallait lui trouver un lieu pour asseoir son existence et lui donner une unité géographique permanente. C'est pour-

quoi, quand Jacques Chirac nous proposa d'élire rési-
dence à l'hospice Saint-Michel, situé près de la porte de
Saint-Mandé, dans le XIIe arrondissement, il combla un
de nos plus chers désirs. Ce lieu allait devenir le symbole
de notre entreprise de réhabilitation des personnes les
plus brisées.

Le bâtiment, alors à l'abandon depuis de nombreuses
années, résonnait encore d'un passé émouvant, en parfaite adéquation avec l'objet du Samu Social. Construit
au début du XIXe siècle par Michel-Jacques Boulard, ancien
tapissier de Marie-Antoinette et riche mécène, il était
dans l'esprit de son fondateur destiné à accueillir « douze
pauvres honteux, septuagénaires, à raison d'un par arrondissement de la ville de Paris, à la nomination du Comité
de bienfaisance de chacun de ses arrondissements [1] ».

Dans son testament, M. Boulard avait inclus une clause
prévoyant l'annulation du don si la ville de Paris l'attri-
buait un jour à une autre œuvre que celle destinée aux
plus pauvres. C'est donc en restant fidèle aux vœux de
son donateur qu'on consacrait l'hospice aux plus démunis
en en faisant la base et le centre opérationnel du Samu
Social de Paris.

Le bâtiment nécessitait d'importants travaux de réhabilitation, mais dès l'automne 1994, une aile fut restaurée
afin d'accueillir la mission de nuit des équipes mobiles. Il
faut essayer d'imaginer l'atmosphère extraordinairement
romantique qui régnait aux alentours de ce bâtiment en
ruine, vestige du passé mais porteur d'espérance et d'avenir, que les équipes rejoignaient toutes les nuits, dans
l'attente que les travaux menés redonnent au lieu la
beauté d'une époque où quelques pauvres furent traités
comme des rois.

Sortes de saint Vincent de Paul des temps modernes,
ces premiers « maraudeurs » étaient les précurseurs d'une
nouvelle mission sociale. Nous les retrouvions chaque
soir autour du coordinateur et du médecin d'astreinte. Ils
nous racontaient les nouvelles de la nuit précédente, les

---

1. Voir le testament de Michel-Jacques Boulard, mai 1826.

difficultés rencontrées avec tel ou tel service hospitalier, tel ou tel centre...

Les infirmières exposaient au médecin les cas rencontrés et celui-ci donnait les consignes indispensables. Chaque soir, quitte à devenir répétitif, nous rappelions leur mission aux équipes, car il y avait toujours de nouveaux participants, infirmières, travailleurs sociaux ou chauffeurs vacataires ; puis ils partaient dans la nuit, le sourire aux lèvres, porteurs d'une solidarité oubliée. Parfois, quand il pleuvait, dans l'hospice en travaux, les camions s'embourbaient. Ils devaient les dégager afin de pouvoir démarrer : c'était vraiment le temps des pionniers.

J'ai encore en mémoire leurs visages et l'admirable don d'eux-mêmes qui les animait ; ils râlaient à cause du manque de places d'hébergement disponibles la nuit, du manque de lits infirmiers, du manque de coopération de certains services ou de partenaires associatifs peu empressés à accueillir des SDF présentant des problématiques complexes ; jamais ils ne se sont plaints de leurs conditions de travail, pourtant précaires dans l'hospice en chantier, ni de leurs CDD, ni de leurs salaires alignés sur le bas des grilles de l'administration, et ce quelle que soit leur ancienneté. Avec quelques grandes gueules, nous eûmes, certes, des débats ardus autour de la mise en place du dispositif, mais tous se montraient loyaux et faisaient face courageusement à une mission difficile dont nous inventions les principes ensemble.

Les travaux terminés, l'hospice Saint-Michel fut inauguré le 19 décembre 1996 par le président de la République en personne. Ce jour-là, on put mesurer la force emblématique de ce lieu, symbole de la dignité humaine de celles et ceux que nous prenons en charge. Comme pour redonner force de vie à ceux qui y séjournent, une lumière permanente irradie ses murs en toute saison ; et comme le souhaitait Jacques Chirac lorsqu'il en avait décidé l'attribution, le jardin est rempli de roses magnifiques.

Dans les 30 lits infirmiers qui y ont été installés, les

plus pauvres reçoivent l'accueil qui leur est dû, plus encore qu'à tout autre, car la vie leur a beaucoup enlevé ; se sachant respectés, ils respectent les lieux ; sur les murs, vous ne trouverez jamais un graffiti...

Depuis le 15 septembre 1997, nous avons ouvert un lieu d'accueil de jour, la « Maison dans le jardin », qui reçoit tous les après-midi ceux qui s'y présentent. Ils viennent là passer un moment, prendre une douche ou laver leurs vêtements ; une infirmière y prodigue des soins légers et un médecin y assure une consultation.

En ce début de millénaire, l'hospice Saint-Michel réalise les vœux de son fondateur au-delà de toutes ses espérances et symbolise la réconciliation du sanitaire et du social : les plus pauvres y sont traités avec dignité, selon la volonté de M. Boulard, et sont écoutés et soignés par des équipes pluridisciplinaires qui unissent leurs compétences pour recréer des liens avec eux et les réintégrer dans le tissu social ; chaque jour, ils apportent la preuve que la lutte contre l'exclusion est possible à condition de mettre en place un environnement digne, et de former des professionnels capables de retrouver les gestes d'une époque où les soignants n'étaient pas que des techniciens du soin, mais aussi des accompagnateurs de l'âme...

La nécessité de cadrer l'action

La nécessité de rédiger une charte pour le Samu Social de Paris s'est imposée à nous en souvenir des comportements dont nous fûmes les témoins à Nanterre ; tous ceux qui travaillent au contact de la grande exclusion savent combien elle est génératrice de violences, et tous ceux qui l'approchent risquent de s'y brûler les ailes. À plus forte raison, ceux qui y sont plongés vivent les plus grandes souffrances et subissent, en plus de l'humiliation de n'avoir plus rien, les violences de ceux qui les accueillent dans les centres ainsi que le rejet des institutions qui se défaussent à leur approche.

Ils sont les victimes d'une exclusion sociale, culturelle et économique indigne de notre pays et ne bénéficient même plus des droits fondamentaux des personnes. Or, le respect des droits de l'homme est le garant d'une démocratie dont la valeur se mesure à l'attention qu'elle porte aux plus faibles.

C'est pourquoi nous avons rédigé une charte inspirée de la Déclaration des droits de l'homme afin de fixer le cadre de travail de tous ceux qui s'engagent à nos côtés, salariés et bénévoles.

Le texte met l'accent sur les trois principes essentiels qui doivent guider nos actions : la dignité, la solidarité et la citoyenneté.

La dignité d'abord, parce que dans la détresse, physique ou morale, les plus désocialisés restent des citoyens ; la dignité d'une personne exige qu'elle ait des conditions de vie et de santé décentes et qu'elle bénéficie de l'attention et des soins de professionnels compétents, dont la mission est d'abord de l'écouter, de respecter sa spécificité et de l'encourager à renouer avec la communauté. Le Samu Social agit donc pour que nul ne soit plus jamais ramassé de force ; quant aux arrêtés de mendicité que l'on voit fleurir tous les étés, alors qu'il existe un arsenal juridique et réglementaire tout à fait satisfaisant qui évite les décisions infamantes, j'y reviendrai.

La solidarité ensuite, parce que chacun doit avoir accès aux droits de tous, bénéficier de la protection médicale et sociale prévue pour sa situation, rencontrer au besoin un travailleur social. Le Samu Social s'engage à faciliter ces accès à tous, sans condition d'ouverture de dossier. Par les structures d'aide qu'il a mises en place, il s'engage à répondre dans les meilleurs délais à l'urgence médicale et sociale, et à servir de relais avant d'orienter les personnes vers les structures les plus appropriées à leur cas particulier.

Enfin la citoyenneté, car chacun a droit à l'information, à la communication, à la participation et à sa propre identité civile, valant exercice de ses droits et devoirs civiques ; le Samu Social se donne pour tâche de permettre aux SDF de participer à la vie sociale en les aidant à retrouver les moyens de justifier de leur identité, d'accéder à l'ensemble des services publics ou privés, et d'exercer légitimement leurs droits ; c'est une question de démocratie.

Lorsque l'on travaille chaque jour au Samu Social, on ne peut admettre la fatalité de tant de vies détruites. Chaque destinée est unique, chaque homme mérite que l'on s'intéresse à son histoire, qu'on lui tende la main, qu'on lui rende sa dignité et sa citoyenneté. Contre l'indifférence...

5

NOUVELLES MISSIONS

Le 115, un numéro gratuit pour les sans-abri

Très rapidement, le Samu Social de nuit a été victime de son succès. Comme on l'a vu, le standard, accessible par un numéro payant, fut bientôt submergé par les appels de toute une frange de population qui n'était pas la plus désocialisée, et qui appelait en réalité pour bénéficier du transport des véhicules de nuit sans faire l'effort de trouver une autre solution par elle-même. Par ses appels incessants, elle était en train de faire dériver notre mission vers les plus nécessiteux en un véritable service de « taxi social ».

De fait, nous avons souvent constaté que, lorsqu'on crée un dispositif destiné aux plus fragiles, ceux qui en bénéficient au premier chef appartiennent à une catégorie un peu moins exclue des circuits sociaux, plus mobile et plus débrouillarde. Une fois de plus, ceux qui ne demandaient rien, n'appelaient pas le standard et ne se trouvaient pas forcément sur le chemin de nos véhicules risquaient de se retrouver à l'abandon. Il fallait donc trouver une solution.

La chose n'était pas si simple : il faut bien reconnaître qu'il n'est pas facile de faire un tri par téléphone, quand tous les autres services sont fermés et que seul un entretien permet de juger du degré d'urgence d'une situation. De plus, en pleine nuit, comment interdire à quelqu'un l'accès à un centre d'hébergement sous prétexte qu'il est moins désocialisé qu'un autre ? Xavier Emmanuelli leur demandait de faire davantage le tri parmi les personnes rencontrées, ce à quoi les équipes se refusaient – d'autant qu'elles avaient à affronter la mauvaise humeur de ceux qu'elles refoulaient...

Quoi qu'il en soit, dans la réalité quotidienne, on ne peut guère appliquer à l'urgence sociale la même rigueur logique qui préside aux règles de l'urgence médicale. S'il est relativement aisé pour un médecin de distinguer une urgence vitale d'une « simple » urgence médicale grave, ou d'un problème qui peut attendre le lendemain, nous ne disposons pas de critères objectifs face à la détresse sociale, et au fait qu'une personne peut ou non dormir dehors. Le diagnostic risque toujours d'être soumis à l'arbitraire du travailleur social.

Pour répondre à toutes ces demandes, nous avons alors proposé de mettre en place une régulation téléphonique de jour. Ce système permettrait de connaître en temps réel les disponibilités en lits d'hébergement et de réserver par avance, auprès des centres, des places pour ceux qui pouvaient appeler de jour et se rendre d'eux-mêmes aux adresses indiquées par téléphone. En appelant dès le matin, ils pourraient profiter de ce temps gagné pour entamer des démarches administratives sans avoir l'angoisse de ne pas trouver de gîte pour la nuit.

Xavier Emmanuelli, alors secrétaire d'État à l'action humanitaire d'urgence dans le gouvernement Juppé, avait en tête de mettre en place un numéro d'urgence gratuit fonctionnant 24 heures sur 24 et régulant toutes les places d'hébergement vides de la capitale. À titre expérimental, pour roder l'efficacité de ce nouvel outil, nous avons obtenu, à compter du 27 novembre 1995, un numéro vert gratuit, le 0800 306 306.

Durant toute une année, dans le bruit des marteaux piqueurs et la poussière des travaux qui avaient démarré à l'hospice Saint-Michel, une équipe de permanenciers téléphoniques exemplaires allait répondre aux appels, de 8 h 30 à 20 h 30, en relais de l'équipe de nuit, et inventer une nouvelle forme de travail social afin de créer un lien permanent entre les exclus et la société. Encadrés par un coordinateur, ils auraient pour mission première de réserver des places d'hébergement dans des centres où les personnes sans domicile pouvaient se rendre d'elles-mêmes à l'heure du dîner, mais aussi de les informer de leurs droits et de leur donner toutes les adresses utiles (consultations médicales, consulats, lieux où se procurer des vêtements, etc.).

Pour ce faire, le coordinateur appelle dès le matin toutes les associations parisiennes en charge de centres d'hébergement, afin d'obtenir des quotas de places qui seront réservées aux appelants du numéro vert en fonction de leur situation ainsi que des spécificités des centres : centres accueillant exclusivement des hommes ou des femmes, centres admettant des personnes dépendantes (toxicomanes, alcooliques, etc.), des personnes en urgence ou uniquement des personnes ayant un projet de réinsertion, etc.

Cette orientation nécessitait que le permanencier téléphonique effectue un court entretien d'évaluation de la situation sociale du demandeur. La réalisation de cet entretien ne pouvait en aucun cas être confondue avec un entretien social approfondi que la personne aurait en tête à tête avec une assistante sociale ; il s'agissait de connaître les éléments indispensables, à commencer par le nom et le prénom de la personne, même si elle restait libre de donner un nom d'emprunt ou de ne pas se nommer du tout dans un premier temps ; pour faciliter l'objectivité de l'entretien téléphonique, nous avions établi une grille d'évaluation, courte mais suffisante pour permettre de situer la personne : était-elle seule ou accompagnée ? depuis combien de temps était-elle à la rue ? disposait-elle d'un travail, d'une protection sociale, de ressources quelconques ? Ces informations, qui étaient déclaratives et demeuraient confidentielles, permettaient d'orienter au mieux la personne, et de confirmer son arrivée par télécopie au centre.

Ce travail totalement nouveau dans le domaine social faisait de nos permanenciers téléphoniques des média-

teurs quasi naturels auprès des associations parisiennes ;
de plus, cette régulation des places d'hébergement favori-
sait la mise en réseau des différents centres financés par
l'État et gérés par les différentes associations caritatives
qui y accueillaient quasi exclusivement leur « clientèle » :
la régulation téléphonique allait négocier, voire imposer,
des prises en charge que les personnes auraient eu du
mal à obtenir toutes seules.

Cette infrastructure constituait un progrès inestimable
au profit des sans-abri : auparavant, rien n'était centralisé,
ce qui signifiait concrètement qu'ils devaient faire à pied
le tour des différents centres dans l'espoir de trouver un
hébergement pour la nuit, ce qui en décourageait beaucoup et en épuisait quelques autres ; d'autant que ceux
qui ne correspondaient pas aux critères du lieu étaient
refoulés sans autre orientation.

Mais bien sûr, très rapidement, ce service de jour fut
saturé lui aussi. Dès les premières heures de la matinée,
tous ceux qui avaient passé la nuit dans un centre se mettaient à la recherche d'une nouvelle place pour le soir,
et ainsi de suite ; à certaines heures, du fait du nombre
d'appels, l'attente était longue et source parfois d'agace-
ment, notamment les jours de grand froid, lorsque rester
debout à attendre dans une cabine téléphonique était
vraiment trop pénible.

Pour répondre à la demande croissante, nous avons
d'abord augmenté l'équipe de jour des répondants, qui
est passée de cinq à sept puis à dix personnes. Mais à
l'évidence, du fait de l'arrivée massive de personnes de
toutes sortes sur Paris, et des situations de plus en plus
complexes qu'il nous fallait affronter, il était difficile
d'être à la hauteur d'une demande aussi exponentielle,
d'autant que les années récentes ont vu l'apparition de
familles avec enfants à la rue : lorsque ces cas se présentent au bout du fil, il faut d'abord passer un bon moment
pour comprendre leur histoire. La plupart du temps, elles
viennent de fort loin et ne parlent pas le français. Il faut
souvent chercher pendant des heures avant de trouver
une association ou un petit hôtel qui acceptera de les

accueillir, sachant qu'ils sont étrangers et demandeurs d'un droit d'asile auquel ils n'ont probablement pas droit, étant davantage des réfugiés économiques que politiques.

En fin de journée, l'angoisse s'accélère pour les retardataires. Il s'agit cette fois de trouver en urgence un hébergement à ceux qui n'en ont pas encore, car la nuit, les places seront principalement réservées à la maraude, donc pour ceux qui n'appellent jamais spontanément.

Malheureusement, les places d'hébergement manquent souvent et, après 20 h 30, l'équipe de nuit devra faire un tri afin d'orienter les plus autonomes vers le dispositif de transport de la RATP, le « plan Atlas », mis en place à partir de l'hiver 1992. Ce dispositif permet d'orienter ceux qui le veulent vers des points d'accueil où on leur sert un repas chaud avant de les transporter en bus dans des centres d'hébergement d'urgence où ils pourront passer la nuit.

Si cette organisation a l'avantage de régler les problèmes en urgence, elle ne constitue qu'un mode de transport « social » et n'a de sens que si, à l'intérieur des centres, un véritable accueil est mis en place, suivi d'une évaluation sociale et médicale afin d'orienter et de sortir les gens d'un dispositif d'urgence dont l'usage devrait rester exceptionnel. Néanmoins, le soir, face à l'urgence des situations, les permanenciers téléphoniques tentent d'inciter le maximum de personnes à rejoindre ces lieux de rendez-vous dans la capitale, afin de permettre aux équipes mobiles de marauder en direction des plus fragiles.

Au fil des rencontres, ces équipes essaieront d'amener ceux qui ne demandent plus rien à téléphoner au 115.

Je me rappelle ainsi Julien, qui vivait depuis plus de vingt ans à la rue. Bien que très clochardisé, il était assez bien intégré dans son quartier. Plusieurs personnes s'occupaient de lui, tandis qu'il rendait de menus services, nettoyait les vitres des voitures...

Julien buvait beaucoup, ce qui le rendait coléreux. Lorsqu'il était contrarié, il pouvait crier très fort ; mais en même temps, il avait une gouaille sympathique. Il possédait également un répertoire de chansons françaises assez extraordinaire et savait faire preuve d'une extrême galanterie. Bref, c'était un personnage.

Pendant des mois et des mois, nous l'avons rencontré chaque soir. Il refusait obstinément de nous suivre. Une nuit pourtant, il a accepté de venir dormir dans le centre d'hébergement de Montrouge, où son taux d'alcoolémie, ses vociférations et son manque d'hygiène rendaient difficile toute cohabitation... Depuis cette date, nous allions le chercher chaque soir, et il venait régulièrement. Un beau jour, il a découvert le numéro d'urgence, qu'il utilise parfois plusieurs fois par jour... Après quelques appels consacrés à chanter à tue-tête divers classiques du répertoire, il se rend désormais tous les soirs à Montrouge par ses propres moyens.

Un véritable accompagnement social par téléphone

Lors de la mise en place de ce numéro d'urgence de jour, nous nous sommes méfiés des dérives qui pouvaient se produire et transformer ce lieu en une écoute psychologique de longue durée alors qu'il s'agissait de traiter l'urgence, et d'évaluer en quelques minutes[1] la situation sociale et médicale de celui qui appelle.

Après deux ans d'expérience, une conclusion s'imposait : ce numéro d'urgence, destiné dans un premier temps à soulager le travail des équipes de nuit, ne se substituait en aucun cas aux services sociaux de droit commun – hôpital, permanences sociales de la mairie, etc. – vers lesquels on tentait sans relâche de réorienter les personnes qui n'osaient plus reprendre contact. Toutefois, il se révélait autre chose qu'un simple service téléphonique : à l'écoute 24 heures sur 24 toute l'année, il permettait de comprendre et de décoder les demandes

---

1. La durée moyenne d'un appel dans la journée est de trois à cinq minutes ; dans la soirée, la conversation est plus brève encore, en fonction de l'urgence.

souvent imprécises de ceux qui, même s'ils ne sont pas les plus désocialisés, vivent dans le désarroi de qui n'a plus rien.

On s'est ainsi rendu compte que, lorsque les gens appellent, leur première demande a trait en général à l'hébergement du soir ; si là conversation se poursuit et que la personne se met en confiance, d'autres besoins peuvent apparaître ; le permanencier téléphonique peut leur donner alors les adresses utiles permettant de rencontrer un psychologue, de trouver des vêtements, de se laver, etc.

Ces conversations, qui s'effectuent toujours dans le respect des principes intangibles de la charte du Samu Social – dignité, solidarité, citoyenneté – ont pour effet de maintenir un lien social très fragilisé par la vie à la rue et par des séjours difficiles dans les centres d'hébergement : au bout du fil, ce n'est jamais un sans-abri qui appelle, mais – s'il accepte de dire son nom – M. ou Mme Untel, et le vouvoiement y est toujours de rigueur.

De plus, grâce à un logiciel qui garde en mémoire les éléments importants des entretiens réalisés, ils trouvent un interlocuteur qui dispose ainsi de ce qu'ils ont déjà confié à un précédent permanencier téléphonique et qui pourra agir en conséquence.

Comprenons-nous bien : il ne s'agit en aucun cas de tenter de fidéliser celui qui appelle, mais plutôt de l'inciter à se (re)mettre en rapport avec le service social dont il dépend, de le remobiliser pour qu'il se place dans une dynamique de projet et non dans un assistanat au long cours.

Il n'est donc pas question de prise en charge effective de la personne par téléphone, car le travail social, qui s'accomplit effectivement dans des lieux prévus à cette fin, ne saurait faire l'économie du face-à-face et de l'instauration d'une médiation humaine.

Annick Momenceau, qui assure la direction de ce service très demandé qu'est le 115, a la tâche importante de former les permanenciers téléphoniques à rester dans le cadre éthique adapté à cette mission, c'est-à-dire écouter

suffisamment pour orienter correctement, mais sans dériver vers une écoute de type SOS amitié, et sans jamais se
substituer aux services de droit commun.

Le numéro vert s'est ainsi révélé un nouvel espace d'apprivoisement permettant une sorte d'accompagnement
social par téléphone, aux fins d'amorcer un travail social.
Malgré ses limites – essentiellement la saturation des
lignes téléphoniques sur Paris –, il est devenu pour tous
un outil indispensable dans le traitement de l'urgence
sociale.

En septembre 1997, il fut transformé en un numéro
national d'urgence sociale réservé aux sans-abri, le 115.
Désormais, dans tous les départements français, un
accueil téléphonique reçoit et traite tous les appels.
L'existence de ce numéro d'urgence, indiqué dans toutes
les cabines téléphoniques aux côtés du 15 (Samu médical) du 18 (Pompiers) et du 17 (Police-secours), marque
en termes de prise de conscience de l'urgence sociale une
victoire évidente ; mais une victoire amère, qui n'est que
la triste reconnaissance de l'ampleur d'un dysfonctionne-
ment grave de notre société.

La maraude de jour

Malgré tout le travail de fourmi réalisé par les équipes
de nuit, certaines personnes très désocialisées refusaient
obstinément toute aide, et ce durant des mois, voire des
années. Aucune approche ne leur donnait le désir de dormir un soir à l'abri, ou de prendre un repas chaud avec
nous. Avec ceux-là, les plus fragiles, que faire ? Souvent,
lorsque les équipes passent, il est déjà bien tard. Si la
personne rencontrée a consommé un peu trop d'alcool,
elle n'est plus en état de parler, ni de réfléchir au bien-
fondé de nos propositions. Si elle n'est pas en détresse
vitale, nul ne viendra la contraindre – et c'est heureux –,
mais nous ne pouvons pas non plus baisser les bras.

Lors de la conception du projet, il s'agissait de faire
circuler des équipes mobiles de jour et de nuit. Pour des

raisons financières, nous nous étions limités à la nuit, mais l'expérience de trois années sur le terrain confirmait qu'il existait dans les rues de Paris des personnes devenues irréductibles à toute approche tant elles avaient atteint des niveaux profonds de désocialisation.

L'une de nos assistantes sociales de choc, Catherine Sellier, accepta de tenter une action expérimentale de jour en direction de ceux qui n'acceptaient jamais l'aide des équipes de nuit. Notre but était de voir si, à un autre rythme et sur un autre mode, il serait possible de créer des liens avec eux. C'est ainsi qu'en 1997, une fois par semaine, Catherine partit à la rencontre de ces personnes qui, au dernier stade de l'abandon, se terraient dans des lieux parfois inaccessibles... Elle frappait à leur carton comme on frappe à la porte de son voisin, et recevait parfois un flot d'injures. Mais elle ne s'arrêtait pas pour si peu.

Un jour, le long d'une ancienne voie ferrée désaffectée, elle remarqua des cartons alignés sur le quai ; les équipes de nuit avaient déjà signalé la présence d'une femme prénommée Anna, au fort accent slave, dont ils n'avaient jamais vu le visage ; sitôt qu'elles s'approchaient de trop près, les cartons résonnaient des cris de rage de cette femme sans doute terrorisée. Catherine s'aperçut rapidement que les voisins connaissaient Anna, à qui certains donnaient à manger ; à les entendre, cette femme avait une vilaine blessure au pied, qui risquait d'entraîner des complications.

Catherine fit alors appel à un médecin de notre réseau, un psychiatre, qui vint l'examiner et décida son hospitalisation. Face à une situation de non-assistance à personne en danger, il fallait en effet prendre ses responsabilités. Anna fut donc conduite dans un hôpital où l'on soigna ses plaies tout en prenant en charge ses sérieux troubles psychiatriques.

D'autres fois, au fil du temps, Catherine était accueillie par le sourire de celui ou celle qui avait attendu toute la semaine sa visite. C'était le cas avec un homme qui vivait dans sa maison de cartons au milieu de nulle part, c'est-à-dire au cœur de l'échangeur de Bercy, à la croisée de bretelles d'accès interdites aux piétons, entre périphérique et autoroute... Cela faisait huit ans qu'il vivait là, sans revenu ni papiers. Il ne buvait pas, ne fumait pas. Les services de la voirie le nourrissaient et l'alimentaient en bonne lecture, car il lisait beaucoup. À soixante-douze ans, sa santé, physique et psychique, était aussi bonne que possible, mais cet homme, plongé dans cet enfer d'embouteillages et de béton, refusait systématiquement les propositions d'hébergement des équipes de nuit.

Catherine lui rendit de petites visites hebdomadaires, le jeudi. Enfin, après un an, le dialogue s'ébaucha ; petit à petit, elle réussit à lui faire refaire ses papiers d'identité, et entama toutes les démarches qui lui permirent de toucher une pension de retraite avec un important rappel. Bientôt il put dormir dans un petit hôtel et se rendre régulièrement l'après-midi à l'hospice Saint-Michel, où nous avions ouvert un lieu d'accueil de jour.

Ce ne sont là que des exemples, mais ils sont néanmoins significatifs de la nécessité de cette action. Le jour étant plus propice à la discussion, on peut évaluer avec plus d'acuité la situation des gens au regard de leurs droits administratifs et entamer avec eux un véritable « travail social dans la rue », dont le succès dépendra essentiellement des liens que le travailleur social sera parvenu à nouer. À travers des rencontres régulières, émerge un désir de communiquer et de poser les bases d'un projet de vie. Mais ce travail demande beaucoup de patience et de persévérance. Il ne peut se faire qu'au rythme de la personne.

La Maison dans le jardin

La mission des équipes de nuit rencontrait ses limites, celles-là mêmes de l'hébergement d'urgence, réduit à quelques nuits. Bien sûr, pendant ce court laps de temps, les hébergés peuvent se laver, manger, dormir... Mais ils doivent repartir au matin, éventuellement après avoir vu une assistante sociale ou un médecin. Durant la journée, le sans-domicile erre de rue en rue ou parcourt les lignes de métro, ses lourds paquets sous le bras, ses mauvaises chaussures aux pieds... Les lieux d'hygiène, notamment les W.-C. publics, restent difficilement accessibles. La solitude est d'autant plus forte que la méfiance reste de rigueur ; il est vrai que dans la rue, l'autre est rarement un ami potentiel...

Depuis quelques années, des lieux d'accueil de jour se sont créés en France, à l'initiative d'associations comme l'ABEJ[1] à Lille, ou de la fondation Abbé Pierre, qui les a appelés « boutiques-solidarité ». Elles permettent en effet à une personne sans domicile d'accéder à des prestations indispensables : se laver, laver ses vêtements, obtenir les informations nécessaires pour engager diverses démarches administratives, rechercher du travail, etc.

À Paris, une de ces « boutiques-solidarité » fut créée en 1994, rue Bichat, dans le Xe arrondissement, par Jean-Pierre Roger, un homme tout à fait atypique au sein d'Emmaüs. Éducateur spécialisé, Jean-Pierre avait longtemps travaillé auprès des loubards des cités et des jeunes en danger dans leur famille. De son expérience acquise dans un foyer modèle pour adolescents, il avait gardé une certaine idée de la façon dont on doit traiter celui qui est en souffrance. « Il y a en chaque enfant quelque chose d'aimable ; tous ont une énergie créatrice, tous peuvent se faire aimer », disait Joe Finder, le directeur de cette maison modèle. Le psychiatre superviseur de ce lieu, Stanislav Tomkiewicz, plus connu pour son action contre les violences institutionnelles, a récemment raconté comment quelques hommes de qualité ont su redonner à des adolescents à la dérive la possibilité de retomber sur leurs pieds et de devenir des adultes équilibrés[2].

L'idée de Jean-Pierre était d'adapter ces techniques

1. Association baptiste pour l'entraide et la jeunesse.
2. L'*Adolescence volée*, Calmann-Lévy, 1999.

pédagogiques, si efficaces auprès des jeunes adolescents abandonniques, ou même auprès des jeunes délinquants à cette population adulte d'exclus de notre société, faute, peut-être, d'avoir rencontré à temps des hommes qui auraient su leur donner l'accès à leur part de rêve, créatrice de vie et de projets.

Dans le cadre d'Emmaüs, Jean-Pierre allait enrichir le concept de la « boutique », trop proche d'un self-service impersonnel, avec celui de la maison. Il en fit un vrai lieu de vie, créateur de sens, baptisé « la maison dans la rue ». Les activités mises en place sous forme d'ateliers ou d'activités ludiques servaient de prétextes pour remobiliser l'énergie de la personne exclue, lui rendre espoir, ou du moins l'aider à s'en rapprocher. « Lorsque les gens se rapprochent de leur part de rêve, ils retrouvent du sens et recommencent à faire des projets d'avenir, et donc à vivre, tout simplement », m'expliqua-t-il lorsque je le rencontrai.

Pour créer cette « maison », Jean-Pierre était parti des besoins de la population qu'elle était censée accueillir : pouvoir se laver, trouver des vêtements, les laver, se faire à manger, etc. Mais il ne voulait pas réduire ce lieu à une boutique basique, ni que les visiteurs s'y comportent en vulgaires consommateurs ; dans la rue, leur souffrance première est l'extrême solitude. L'idée était de les rencontrer en « recréant des liens avec eux pour leur donner du sens », et en s'appuyant sur un principe : la plupart ont certes vécu des difficultés, ont parfois subi des violences, mais ont également connu des rapports sociaux plus ou moins normaux, et tous ont eu à un moment ou à un autre des rêves de vie, de réalisation, etc.

Jean-Pierre voulait un lieu d'accueil sans règlement affiché à l'entrée ni bureau de contrôle, un lieu où l'on pourrait venir sans subir de pression. Il voulait un minimum de travailleurs sociaux et une présence significative de bénévoles, symbole de la présence sociétale. Ces « facilitateurs du lien social » sauraient accueillir, écouter, orienter, informer au quotidien tous ceux que les aléas de l'existence avaient conduits à la précarité et à l'exclusion.

Toutes les activités proposées étaient réfléchies, car elles n'étaient qu'alibis destinés à remobiliser les personnes, et à faire émerger en elles leur part de rêve : activités culturelles, sportives ou autres avaient pour but de leur permettre de partager les mêmes loisirs que les autres citoyens (théâtre, cinéma, restaurant, etc.). Aussi Jean-Pierre a-t-il toujours refusé les activités qui enfermaient les SDF entre eux, comme les matches de foot opposant les « équipes » de deux lieux d'accueil pour exclus, et a toujours exigé que dans ce type d'activités conviviales les SDF soient mélangés au reste de la population.

C'est aujourd'hui sur ce modèle de la « maison dans la rue » de la rue Bichat que les pouvoirs publics parisiens ont établi le cahier des charges d'autres lieux d'accueil de jour ; ils ont accepté d'en financer les dépenses d'investissement et de fonctionnement sous le label d'Espaces solidarité insertion, ou ESI.

Une dizaine d'ESI existent aujourd'hui à Paris, permettant à bon nombre de sans-abri de se rendre dans une maison qui sait les accueillir au lieu de traîner dans les jardins publics sans autre but que de vider des bouteilles. Idéalement, à Paris, il devrait y en avoir au moins un par arrondissement.

Comme on l'a compris, ces lieux d'accueil de jour sont totalement complémentaires du travail en urgence effectué par les équipes mobiles et les permanenciers téléphoniques du 115. Ils se situent dans la continuité de la première rencontre, lorsque la personne approchée par les équipes mobiles accepte de se rendre dans un centre d'hébergement d'urgence ; petit à petit, reprenant confiance, elle aura envie de téléphoner au 115 pour réserver un lit pour la nuit ou se rendre dans un ESI, un peu comme quand on passe chez des amis pour leur dire bonjour.

Mais la limite de ce genre de lieux est qu'ils sont, hélas, destinés à des gens qui s'y rendent d'eux-mêmes. Ils ne sont jamais fréquentés par les personnes les plus désocialisées, celles qui ne demandent plus rien. Et même si elles osaient y pénétrer, elles seraient vite mal à l'aise face aux habitués. Ces derniers, bien qu'ils n'aient pas encore rompu tout contact avec la société des « inclus », sont plutôt des marginaux parmi lesquels se trouve un vivier d'individus qu'on peut espérer réinsérer.

Nous avons donc demandé à Jean-Pierre d'imaginer une « maison » destinée aux plus désocialisés, à ceux qui ne bougent presque pas de leur « territoire » et ne rencontrent que les équipes du recueil social de la RATP dans le métro, ou celles de la police sur la voie publique, lesquelles n'ont que Nanterre à leur proposer. Nous voulions que, pour ceux qui sont au fond du gouffre, il y ait quelque part dans Paris un lieu de vie où ils seraient accueillis et traités avec respect et dignité malgré leur apparence, malgré les poux et la gale, malgré leur refus de se laver ou de se soigner.

Dans nos locaux de l'hospice Saint-Michel, nous avions une petite maison dans le jardin. La décision fut prise d'y installer un ESI, rapidement baptisé « la Maison dans le jardin », qui démarra ses activités en novembre 1997. Ce lieu est maintenant ouvert à tous, les après-midi, du lundi au samedi ; mais le matin, certains pensionnaires peuvent participer à certains ateliers de recherche d'emploi, de jardinage, de peinture... L'après-midi, celui qui frappe à la porte peut y boire un café, lire un livre, feuilleter des journaux, jouer aux cartes, parler enfin, parler surtout. Raconter !

Souvent, après des visites accompagnées, nous avons la surprise et la joie de les voir venir d'eux-mêmes, parfois de l'autre bout de Paris, jusque dans cette petite maison où ils ont retrouvé du sens, ce sens qu'ils avaient trop oublié.

À travers les gestes simples de la vie quotidienne, l'équipe de la Maison dans le jardin – composée de cinq animateurs professionnels et d'une vingtaine de bénévoles fidèles – accomplit dans cet espace de quatre-vingts mètres carrés un vrai travail de remobilisation, qui débouchera parfois sur l'émergence d'un projet de vie. Mais la finalité profonde de ce dispositif n'est pas seulement de permettre à ces SDF de renouer avec le marché du travail ou de retrouver un logement ; ils en sont souvent bien trop loin... Elle est aussi et surtout de permettre à chacun de reprendre conscience de ses capacités et de ses désirs.

Dans un premier temps, l'objectif est simple : amener les gens à accepter d'utiliser l'espace hygiène et l'espace santé, car pour une population à l'abandon, la reprise de la socialisation passe par la récupération de l'image de soi et l'acceptation des soins d'hygiène et médicaux ; dans une autre étape ou parallèlement, selon les situations, on essaiera de faire le point sur la situation administrative et de faciliter l'accès aux droits.

Le cas de François illustre bien la finesse de ce travail qu'il faut réaliser auprès de ceux qui se présentent à la Maison dans le jardin : c'est un jeune de vingt-huit ans qui fréquente l'ESI depuis deux ans. Il est originaire de province où il a une sœur ; à son arrivée chez nous, il était très alcoolisé et clochardisé, car il dormait dans le métro ; tout doucement, on l'a amené à utiliser l'espace hygiène pour se laver et laver ses vêtements ; au début, il prenait une douche une fois par semaine, puis deux fois, puis tous les jours. Il ne touchait aucune ressource alors qu'il avait droit à une allocation pour adulte handicapé ; c'était sa sœur de province qui la gérait et refusait de la lui donner s'il ne revenait pas dans sa ville d'origine ; nous avons amené François à reprendre contact avec elle et il a fait parallèlement une cure de désalcoolisation ; aujourd'hui, ses relations avec sa famille se sont apaisées, et il envisage de rentrer dans un CAT[1] afin d'y poursuivre son travail en pâtisserie...

L'espace hygiène est un lieu essentiel animé par un professionnel et des bénévoles ; parmi eux, Andrée, retraitée, qui travaillait déjà à la « maison dans la rue », est venue durant toute la première année aider Jean-Pierre à former ceux qui accueillent les visiteurs, récupèrent leur linge sale, le lavent tandis qu'ils prennent leur douche, leur donnent tous les produits nécessaires à leur hygiène,

1. Centre d'aide par le travail.

et même un peignoir de bain pour attendre le lavage des vêtements ; durant cette attente, Andrée, qui avait auprès de la population le charisme que confère l'âge, préparait du café et jouait aux cartes avec eux ; elle les maternait avec affection et autorité, et les engageait ainsi à bavarder avec elle. Andrée savait d'instinct que l'attraction de l'affection est essentielle... D'autres bénévoles exemplaires marquent de leur action l'histoire de la Maison dans le jardin : Martine illustre bien ce don de soi, elle qui a commencé par être bénévole à temps plein et qui est aujourd'hui animatrice salariée à mi-temps et bénévole le reste du temps.

Tous les après-midi, un médecin généraliste est sur les lieux. Aidé de l'infirmière qui a repéré ceux qui auraient besoin d'être examinés, il entame une relation d'approche pour faire accepter au patient l'examen et les soins ; la durée de ces examens dépasse amplement le temps que nous alloue d'ordinaire notre médecin généraliste. Avec ces patients qui ne manifestent généralement aucun désir de soin, il lui faut en passer par de longs palabres qui lui permettront de déchiffrer les symptômes éprouvés, ou de connaître quelque chose de l'histoire médicale du patient. Puis l'infirmier prodigue les soins prescrits jusqu'à la prochaine rencontre...

Deux fois par semaine, une psychologue-alcoologue, un dermatologue et une pédicure-podologue viennent renforcer l'espace santé. Souvent, d'une consultation à l'autre, tout est à refaire, car le patient n'a pas suivi son traitement ; mais l'apprivoisement recommence dès son retour, jusqu'à ce qu'il y trouve un sens et réclame les soins.

Ainsi Denis, dont la première consultation tenait de l'exploit. Denis refusait en effet de se laver. Tandis que le médecin et l'infirmier l'aidaient à ôter ses différentes couches de vêtements, les poux tombaient par vagues sur le sol du cabinet médical... Puis il a accepté de temps en temps de se laver, et a fini par réclamer avec insistance des soins pour ses pieds meurtris... Il a recommencé à s'intéresser à son corps parce qu'il avait confiance en nous.

Nous ne sommes là qu'aux tout premiers degrés du retour vers à la vie sociale que nous rêvons pour tous, mais dont nous savons qu'elle est utopique pour beaucoup. Lorsqu'on travaille au contact de la grande exclusion, on comprend mieux à quel point chaque être est vraiment unique, chaque destinée vraiment mystérieuse... Le respect de l'autre est toujours la règle absolue : parfois, il faut attendre plusieurs jours avant même de connaître le prénom et le nom de tel ou tel. Devant pareil cas de figure, on voit bien les limites des logiques technocratiques de la réinsertion, qui ne conviennent pas souvent à ceux que nous rencontrons et à la réalité de leur existence...

L'équipe organise parfois des week-ends de remobilisation à la campagne, et plusieurs volontaires partent avec quelques habitués de la Maison dans le jardin ; on est parfois surpris des effets positifs de ces séjours sur des grands clochards qui n'ont connu pendant des années que le bitume parisien.

C'est ainsi que Denis est parti quelques jours dans la Creuse, en juin 1998, avec trois autres habitués de la Maison dans le jardin. Là, il a retrouvé le goût de vivre ; il est allé à la pêche, il a cuisiné, il a dansé, il a fait la sieste à l'ombre des grands arbres, il est redevenu un homme debout... et il l'a fait avec une rapidité et une aisance étonnantes. Mais de retour à Paris, il a regagné la rue des Saints-Pères, où il avait élu domicile depuis vingt-cinq ans, car pour des hommes comme lui, il n'existe à Paris aucun lieu pérenne – à part les centres d'hébergement collectif, qu'il fuit – qui puisse les accueillir tout en acceptant leurs différences. Ce lieu reste à inventer. Nous le créerons un jour. Ce sera une sorte de pension de famille pour les plus fragiles, ceux qui ont atteint le dernier stade de la désocialisation et qu'il nous appartient d'accompagner au long cours sur le chemin du retour vers la communauté...

Le centre d'hébergement d'urgence de Montrouge

Jusqu'en 1993, on l'a vu, l'état des centres d'hébergement d'urgence réservés aux sans-abri n'était guère bril-
lant et le personnel d'accueil y était peu qualifié et mal
encadré, puisqu'il ne s'agissait que de surveiller le sommeil d'une population où tous les cas de figure étaient
mélangés. Aucune approche individualisée des situations
n'était possible ni même envisagée, puisque aucun projet
pédagogique n'avait été élaboré. Heureusement, dans
certains d'entre eux, de généreux bénévoles apportaient
un peu de fraternité, rappelant ainsi l'existence de la
société.

Pendant des années, l'environnement et les conditions
d'hébergement de ces centres n'ont pas choqué outre
mesure les pouvoirs publics. La raison d'être de ces lieux
n'était-elle pas de mettre une population délinquante
hors du regard des autres ? Et d'atténuer la culpabilité
qui suivait généralement la mort de froid de l'un d'eux ?

Devenu secrétaire d'État à l'action humanitaire d'urgence, Xavier Emmanuelli s'empara de ce dossier et lui
donna une nouvelle impulsion. Son passage au gouvernement permit d'imposer, dans tous les centres financés par
l'État, les principes de base de ce que doit être l'accueil
en urgence des plus démunis : les personnes doivent se
voir proposer des lieux d'hébergement « dignes, propres
et gérés par des professionnels », expliqua-t-il aux directeurs de l'action sociale qui se voyaient accorder des budgets au lance-pierres par « Bercy » pour tout ce qui
concernait la ligne « pauvreté-précarité ».

À sa demande, les DDASS durent fournir le budget
nécessaire à l'achat de draps et de nécessaires de toilet-
te ; certains centres disposent même aujourd'hui d'oreil-
lers et de couvertures régulièrement désinfectés.
Néanmoins, la légende subsiste autour de ces centres historiques, et le mauvais accueil dont les plus anciens gar-
dent le souvenir continue à en éloigner même les
nouveaux venus qui refusent de s'y rendre, car leurs com-

pagnons de hasard leur ont longuement décrit les misères qu'ils y ont endurées.

Si la plupart des centres ont quelque peu amélioré leur « standing », beaucoup reste à faire. Les immeubles dans lesquels les centres d'urgence ont été installés sous la pression du grand froid sont en général mis à disposition pour une période limitée. À terme, ils ont tous une autre destination, et sont prêtés le temps d'un ou deux hivers ; de ce fait, le minimum de travaux de sécurité y sont réalisés ; quant aux travaux d'esthétique, ils ne semblent pas de mise dans un tel contexte.

Pourtant, l'environnement a son importance dans un processus de réinsertion : lorsque l'on convainc quelqu'un qui a toujours refusé de dormir dans un centre de venir se mettre à l'abri, il faut que le travail d'apprivoisement, parfois mené pendant plusieurs semaines, voire plusieurs mois, par les différentes équipes mobiles de nuit, trouve son prolongement dans un accueil chaleureux et courtois à l'arrivée dans le centre. Il est plus agréable de dormir dans un lieu propre et chaleureux. Des fleurs, des posters, de la musique ne sont pas forcément un luxe dont on doit priver les exclus. Sur ce plan, l'hospice Saint-Michel est un modèle d'agrément que nous rêvons de voir adopter par tous les centres d'hébergement ; les gens s'y sentent immédiatement respectés, car les locaux sont soignés, il y a de la lumière, des fleurs dans le jardin.

De plus, le comportement du personnel est déterminant. Et ce sont les premières minutes qui comptent : si le personnel d'accueil est rébarbatif ou s'exprime de façon trop familière, la personne qui arrive, habituée à la solitude de la rue, va prendre peur et va fuir ; ou elle peut réagir violemment, en insultant le personnel du centre, ce qui risque, si celui-ci n'est pas formé à rester calme en pareilles circonstances, d'entraîner une escalade de la violence.

Pendant trop longtemps, les associations en charge des sans-abri – sans doute par manque de budget, ou par angélisme ? –, ont donné une chance de se réinsérer à

121

certains sans-abri, qui semblaient moins désocialisés que d'autres, en les nommant surveillants. Ils partaient sans doute du principe qu'avoir vécu la galère pouvait aider à mieux comprendre les difficultés de l'autre. Malheureusement, contrairement aux idées reçues sur ce sujet, un séjour prolongé à la rue entraîne des dégâts parfois irréversibles. On ne peut avoir tendu la main et dormi sur les trottoirs, avoir subi tout ce que cela implique de souffrances et d'humiliations, avoir été au plus profond de l'alcoolisation et, du jour au lendemain, être capable d'accueillir ceux qui y sont encore en sachant apaiser leur agressivité potentielle, libérée par l'alcool, et leurs angoisses latentes ; inévitablement, l'autre réveille les souffrances récentes que l'on voudrait oublier. Chaque soir, les malheureux qui arrivent empêchent tout oubli, et un jour, pour détruire ce passé terrifiant dans lequel il sait qu'il peut replonger du jour au lendemain l'ancienne victime risque de devenir à son tour bourreau. La chose s'est souvent vue.

La bonne volonté ne suffit pas à acquérir des compétences. Faute d'encadrement efficace, les nouveaux accueillants seront mal à l'aise devant une population à laquelle ils s'identifient encore. D'autant que leur propre situation est souvent très précaire ; ils sont bien loin d'être eux-mêmes réinsérés, en général simplement hébergés, par l'intermédiaire de l'association qui les emploie, dans des hôtels sociaux, où ils partagent une chambre ; le loyer et la restauration dévorent une bonne partie de leur salaire ; c'est déjà un premier pas hors de la rue, mais ce n'est pas encore un domicile où l'on a ses repères, où l'on peut inviter des amis, recevoir une compagne.

Souvent, le logement individuel tardera à venir, car les listes d'attente sont longues et l'incertitude générale : même ce métier, qui rappelons-le n'a pas été choisi, qui permet d'avoir un salaire, dans le meilleur des cas le SMIC, reste éminemment précaire, car ces centres d'hébergement d'urgence sont financés par l'État sur des budgets aléatoires, reconduits d'année en année. De plus, l'État a tendance à payer ses dettes le plus tardivement possible, comptant sur la trésorerie des associations pour financer les dépenses de salaires, restauration, etc. Dans un tel contexte de précarité, il n'y a pas de carrière possible, ni même de possibilité d'entamer une formation professionnelle...

L'institution est elle-même tombée dans ce piège de mettre d'anciens SDF au contact de la grande exclusion. C'est toute l'histoire des « oranges » du CHAPSA de Nanterre, qui étaient nourris, logés, blanchis et recevaient un petit pécule d'environ 800 francs. On les avait laissés, livrés à eux-mêmes et à leur solitude, accomplir un travail au contact d'une population qui leur rappelait précisément tous les cauchemars qu'ils auraient voulu fuir, et ils étaient devenus malgré eux de véritables « kapos ».

Pendant longtemps, avant que l'on ne parle franchement de l'exclusion parce qu'elle était devenue trop évidente, les pouvoirs publics ont pratiqué la politique de l'autruche, se défaussant sur la « générosité » d'un monde humanitaire qui ne parvenait pas à obtenir les moyens d'accomplir réellement sa mission. Ils ont même su jouer sur la culpabilité des associations, qui ouvraient en catastrophe des centres d'hébergement d'urgence à la demande de l'État. Contraintes de recruter en urgence, les associations, au lieu d'exiger des budgets permettant de payer de vrais travailleurs sociaux professionnels, se tournaient tout naturellement vers ceux qu'elles connaissaient, et qui avaient besoin de travailler...

En définitive, tout le monde était coupable, dans un tel système : ceux qui se défaussaient comme ceux qui n'osaient pas protester, laissant se mettre en place des centres où les sans-abri n'étaient pas reçus aussi dignement qu'ils auraient dû l'être et où le personnel d'encadrement n'était qu'une classe d'exclus dotée des avantages d'un pauvre pouvoir...

Le contact avec la grande exclusion exige des professionnels solides, sereins, capables d'écouter les autres sans projeter sur eux leurs propres souffrances passées ou présentes ; des individus susceptibles de calmer une tension du seul fait de leur présence sécurisante et apaisante, qui doivent comprendre que la violence des propos ou des gestes ne leur est jamais adressée directement, mais qu'elle est l'expression de la souffrance et de la frustration vécues par celui qui n'a plus rien... Car la violence subie ou infligée est le lot permanent de qui vit à la rue.

Ils sont en permanence victimes de coups, de blessures, de brûlures ; ils sont régulièrement agressés pour être volés, surtout lorsqu'ils viennent de toucher le RMI... À force de vivre dans la crainte d'une agression, ils deviennent à leur tour agressifs dès qu'ils ont le sentiment d'être en danger... Ils sont, de plus, souvent armés d'un couteau, qui aura quotidiennement un usage utilitaire, mais pourra aussi, à l'occasion, servir à se défendre.

En vivant en immersion dans ce milieu, où l'être humain est plus objet que sujet, leur indifférence à leur propre sort et plus encore leur indifférence au sort de l'autre ne pourront que croître ; seule la loi de la survie l'emportera. On sera tantôt le plus faible, tantôt le plus fort, mais la méfiance sera de toute façon la règle. De ce comportement découle la nécessité, pour celui qui travaille à leur contact, de commencer l'approche par une parade d'apprivoisement, qui rassure et leur permet de comprendre que l'on vient en ami.

Aujourd'hui encore, la violence reste en permanence latente dans les centres d'hébergement. À tout moment, un incident peut éclater. Même si le lieu est a priori un terrain neutre, des hommes et femmes en grande souffrance s'y retrouvent rassemblés, entassés dans des espaces assez restreints ; de plus, entre les différentes catégories d'hébergés, l'intolérance est souvent de mise ; les plus récemment arrivés à la rue regardent avec mépris les vieux clochards, comme l'image de ce qu'ils craignent de devenir ; les réflexes racistes sont très marqués ; les contentieux se multiplient autour de petits échanges de drogue. Même les femmes n'échappent pas à ces excès. Leurs journées sont souvent rythmées par la prostitution, quasi inéluctable pour survivre à la rue. L'alcool et la toxicomanie les atteignent tout comme les hommes, sans parler de la souffrance d'être séparées de leurs enfants placés... Autant d'ingrédients d'une agressivité qui ne demande parfois qu'à exploser.

D'où la nécessité de mettre en place un accueil adapté à l'urgence de ces situations, et de s'assurer des qualités de ceux à qui l'on donne des responsabilités. Si les accueillants ne comprennent pas les mécanismes qui mènent à l'exclusion, s'ils interprètent les mouvements d'agressivité comme leur étant directement adressés, les tensions ne pourront que s'accroître ; s'ils ne savent pas les réduire, la violence éclatera à coup sûr, se terminant invariablement par l'expulsion, parfois manu militari, de l'exclu jugé coupable sans autre forme de procès et par son inscription sur des listes – plus ou moins officielles – de personnes décrétées arbitrairement « indésirables » ; quelquefois, le scandale atteignant le voisinage, la police sera appelée et éloignera le perturbateur désigné ; ou un surveillant plus impulsif qu'un autre le sortira du centre à coups de poing. Il ramènera un calme momentané dans le centre, mais tous se coucheront la peur au ventre à l'idée d'être repérés par celui-là.

C'est contre toutes ces formes de violence que nous avons créé le Samu Social. Chaque jour qui passe nous convainc davantage de la nécessité d'une approche éthique et professionnelle de la grande exclusion : de même qu'aux urgences des hôpitaux, il faut les meilleurs pour effectuer rapidement un diagnostic sûr, au contact de ces grands blessés sociaux, il faut les meilleurs travailleurs sociaux, ceux dont on a testé le professionnalisme, l'humanisme et la capacité à affronter chaque nuit les pires situations sans se laisser entamer.

Après tout, il y a une illusion manifeste à vouloir croire qu'avoir connu la rue rende plus sensible à la souffrance de son prochain, et donne même envie de se consacrer à l'aider. C'est une vie impitoyable, on chercherait en vain à y acquérir la moindre compétence en matière de réinsertion ; en suivant un tel argument, on finirait par prétendre que seuls des tuberculeux peuvent soigner d'autres tuberculeux, comme si le fait d'avoir été malade donnait un savoir particulier...

Toute règle ayant ses exceptions, j'ai connu un homme, Yves, aujourd'hui disparu, que l'alcool avait fait sombrer, après de multiples ruptures affectives, au fond du gouffre de la grande exclusion jusqu'à devenir clochard ; par le hasard des rencontres, il avait réussi à se réinsérer et à travailler dans ce milieu. Devenu membre actif des Alcooliques anonymes, il en aida bien d'autres... Son passage du côté où les hommes ne sont plus que des ombres dans la rue lui avait donné à la fois une profondeur de pensée, une aura particulière mais aussi une sorte de tristesse qui nimbait toujours son visage ; nous l'avions embauché comme permancier téléphonique à la régulation du 115. Il s'était parfaitement intégré aux procédures du Samu Social, sachant garder une sorte de distance tout en restant pour celui qu'il aidait l'exemple de celui qui s'était sorti de la problématique de l'alcool et de la rue ; mais Yves Garel avait une personnalité et un parcours tout à fait atypiques.

Lorsqu'il fut emporté par un cancer, Xavier Emmanuelli prononça ces mots à son enterrement : « Toute ta souffrance affrontée dans ton étrange destinée, par une superbe et mystérieuse alchimie, tu l'as transformée en amour et intérêt pour l'autre ; toute cette vie te donne la densité et la valeur de l'exemple, une noblesse en somme, une sorte d'attitude de chevalier, de combattant de la misère et de l'exclusion. »

Mis à part des hommes au parcours aussi exceptionnel, nous avons tendance à choisir des professionnels solides, sereins, capables d'écouter sans projeter leurs propres souffrances passées ou présentes sur les personnes qu'ils vont rencontrer.

Depuis que nous avions mis en place le 115, nous orientions pendant la journée le maximum de personnes dans les différents centres d'hébergement de la capitale, et nous gardions pour la nuit un centre situé à Montrouge, dans lequel les équipes mobiles conduisaient, du soir au petit matin, les personnes les plus clochardisées, celles dont l'état d'hygiène était souvent le plus déplorable et le taux d'alcoolisation très important. Les locaux, assez sordides, ne donnaient guère envie de venir se ressourcer là le temps d'une soirée ; l'association qui gérait ce lieu y avait installé des équipes composées pour l'essentiel d'anciens SDF, dont certains pouvaient être de bonne volonté. Mais nous ne voulions pas risquer les inévitables dérives constatées à Nanterre, compte tenu des problématiques très lourdes de la population que nous conduisions dans ce centre ; nous présentâmes à notre conseil d'administration un projet pédagogique expérimental destiné à mettre en place un accueil d'urgence professionnel, grâce à la formation d'accueillants sociaux d'urgence parmi lesquels nous garderions les meilleurs des éléments de l'équipe déjà en place et en recruterions d'autres, aux compétences adaptées.

Nous avons demandé à Jean-Pierre, qui entre-temps avait quitté Emmaüs pour nous rejoindre au Samu Social et devenir le patron des opérations de terrain, de réfléchir à ce projet. Dans un premier temps, il demanda la réalisation d'un minimum de travaux de nettoyage et d'embellissement des locaux, afin de marquer la rupture avec le passé et de donner la preuve d'une vraie volonté de changement, tant au personnel qu'aux sans-abri.

Nous eûmes alors la chance de rencontrer une jeune entreprise, les Docks des peintures, qui avait accepté de nous fournir gratuitement la peinture nécessaire, car nous pensions repeindre nous-mêmes le centre de Montrouge, avec l'aide de bénévoles. Devant l'ampleur des travaux à réaliser, ils proposèrent de mettre en plus à disposition des peintres professionnels, afin d'obtenir un résultat de qualité. Les deux jeunes patrons de cette entreprise, Bruce de Jaham et Yazid Farez, devinrent bientôt plus que des mécènes, de vrais amis, engagés à nos côtés dans la lutte contre l'exclusion. Nicole Roulet, gouverneur des Inner Wheel de Bretagne[1], qui se mobilisait pour nous

1. Les Inner Wheel réunissent en association les femmes des rotariens qui réalisent des actions sociales et humanitaires en parallèle à celles organisées par leurs époux.

jusqu'au fond de la Bretagne, réalisa tous les rideaux du pavillon des femmes et fit des aller et retour permanents pour nous livrer les produits de toutes les collectes qu'elle réalisait pour nous : vêtements, chaussures, couvertures, produits d'hygiène, etc.

Moins de deux mois après le début des travaux, le centre n'ayant pas fermé, les hébergés ont pu enfin être accueillis dans des locaux propres et joliment décorés. Du coup, le bâtiment, jadis pensionnat de jeunes filles dont le beau jardin avait dû résonner de mille rires, apparut enfin dans sa beauté initiale. Le jardin fut également remis en état. On nous offrit des plantes ainsi que des bancs qui permettraient de profiter des beaux jours ; la très grande porte d'entrée donnant sur l'avenue principale de Montrouge fut repeinte d'un beau vert flamboyant, ce qui nous donna l'occasion de rebaptiser le centre, qui devint la « Porte Verte ».

La réinsertion passant notamment par la possibilité d'accéder à la culture, nous installâmes une bibliothèque bien fournie et le docteur Colonna, président de la fondation Pfizer pour l'art, nous offrit de très belles lithographies qui sont venues agrémenter les murs. Il nous remit également un chèque afin de nous permettre de rénover le cabinet médical ainsi que les bureaux des conseillers sociaux. Nous eûmes aussi la chance, grâce à nos amis des Docks des peintures, de rencontrer Valère, un merveilleux aquarelliste. Il réalisa dans le centre une marine géante, qui se déploie sur un pan de mur entier, permettant aux hébergés de rêver à d'autres horizons avant d'aller se coucher. De même, un sans-abri plein de talent réalisa sur le mode naïf une fresque murale représentant une fontaine entourée de végétation. Placée près de la porte d'entrée, elle donne l'impression d'arriver dans un îlot de verdure. Quelques semaines auparavant, des jeunes de l'association « Unicités », qui réalisent bénévolement des chantiers utiles, avaient commencé à repeindre les chambres. Autant de démonstrations d'une volonté de réaliser un accueil convivial.

Pendant ce temps, Jean-Pierre avait recruté et formé les

futurs accueillants sociaux de l'urgence : une équipe pluri-disciplinaire, choisie de façon à pouvoir disposer à la fois de compétences sociales, médicales, psycho-éducatives aussi bien que de compétences d'animation.

Le centre dispose de deux pavillons qui permettent d'accueillir 85 hommes d'un côté et 25 femmes de l'autre. Chaque soir se met en place une équipe composée d'un coordinateur responsable et d'accueillants sociaux d'urgence. Leur mission est la suivante · commencer par dire bonjour, serrer la main des arrivants, les appeler par leur nom et leur parler avec respect, tout en gardant la distance bienveillante qui est de mise si l'on ne veut pas tomber dans une proximité dont on ne saura pas forcément sortir, et qui perturbera l'autre mieux qu'elle ne l'aidera.

Il s'agit d'accueillir ceux qui ont, toute la journée, erré sans but, se sont fait agresser, ont bu outre mesure, se sont enfoncés un peu plus dans l'anonymat de la rue ; le temps d'une courte soirée, on leur redonne leur identité en les nommant, ce qui est la première marque d'existence, en les protégeant d'autres agressions possibles et en mettant les femmes à l'abri des convoitises qu'elles n'ont que trop subies dans la journée.

Il faut en quelques heures sécuriser, rassurer, permettre de retrouver un peu d'espace intime et de calme intérieur, et être à l'écoute de celui ou de celle qui a envie d'échanger quelques paroles ; c'est lors de ces moments d'apaisement que l'un ou l'autre pourra confier ce qu'il a sur le cœur. Parfois des secrets lourds à porter, qui remontent à l'enfance, un viol, un inceste, des sévices ; la culpabilité de l'enfant qu'on a dû abandonner mais qu'on espère récupérer plus tard, la femme qui est décédée, tout ce qui fait que la vie a perdu de son sens... Les accueillants doivent recevoir ces fragments de vie sans porter de jugement moral et veiller sur le sommeil de tous ces êtres maltraités...

Au réveil, une autre équipe aura pris le relais, et invitera au petit déjeuner ; ce moment n'est pas toujours le plus

129

facile. La personne émerge de sa nuit peuplée des cauchemars engendrés par l'alcool. Le petit matin lui rappelle ses dépendances, sa solitude, cet abri précaire qu'il faut quitter, l'assistante sociale qui peut accorder une prolongation de quelques jours mais demandera une fois de plus si on a accompli les démarches indispensables ; devant cette dernière, l'hébergé s'était senti plein de motivation, mais sitôt la « porte verte » refermée, la logique de la rue a repris le pas, annulant toute volonté d'agir. Il faut aller frapper aux guichets de ces administrations où l'on s'est déjà présenté plusieurs fois, où les assistantes sociales, malgré toute leur bonne volonté, ne peuvent que demander une fois de plus si l'on a un projet – mais un projet de quoi ? On voudrait bien en avoir un, mais on ne comprend même plus le sens de ce mot. Pour quoi faire, pour qui ? Le monde d'autrefois semble si loin. A-t-il seulement existé ?

De même, à l'assistante sociale de Montrouge, on ne sait plus que dire ; on se sent coupable, craignant de perdre cet abri du soir qui permet de survivre ; elle risque de refuser de prolonger le séjour : c'est un centre d'hébergement d'urgence, il ne s'agit pas de s'y installer définitivement. Malgré la gentillesse rencontrée, on est envahi par la détresse dès qu'on quitte le centre. Toutes ces formalités... On n'aura jamais le courage nécessaire.

C'est précisément afin de remobiliser dès le matin ces énergies défaillantes que Jean-Pierre a imaginé un espace d'accueil convivial au sein du centre. Cette « agora » permet de donner sur place l'accès à de nombreux services qui faciliteront l'accomplissement de toutes les démarches ; puisque les sans-domicile sont en rupture avec les institutions, il faut faciliter à nouveau la rencontre avec ces services administratifs, quitte à les faire venir sur place. Bien évidemment, il ne s'agit pas de substituer aux services du droit commun des services pour les pauvres, mais d'en faciliter l'accès.

Trois conseillers sociaux assurent le diagnostic et l'évaluation de la situation sociale de la personne. Ils sont aidés par des animateurs, chargés de remobiliser les per-

sonnes et de favoriser l'émergence de projets. Des bénévoles accompagnent éventuellement tel ou tel dans les
différentes administrations. Sur place, deux écrivains
publics rédigent gracieusement le courrier de ceux qui le
demandent ; d'autres ont mis en place un atelier de
recherche d'emploi où ils aident ceux qui le veulent à faire
leur CV et consulter les petites annonces. Un juriste de
l'association Droits d'urgence démêle les situations juridiques les plus embrouillées, et l'association Aides reçoit
avec discrétion ceux qui cherchent des informations sur
le sida. Enfin les Alcooliques anonymes animent des
groupes plusieurs fois par semaine, afin de permettre à
ceux qui le souhaitent d'envisager une cure de désalcoolisation, pendant laquelle ils auront besoin d'être accompagnés et soutenus. De même, les Narcotiques Anonymes
travaillent auprès des toxicomanes tandis que l'association MRS[1] conseille les sortants de prison.

Un médecin généraliste est présent tous les matins, et
un psychiatre vient une fois par semaine, permettant aux
animateurs de mieux comprendre les difficultés de certains hébergés, qui présentent tous les symptômes de
ceux qui sont privés des soins dont ils auraient besoin.

Suzanne Tartière, la directrice médicale du Samu Social
de Paris, qui partage son temps entre celui-ci et le Samu
(médical), où elle exerce comme praticien hospitalier,
anesthésiste-réanimateur, passe une bonne partie de ses
journées à faciliter l'accès de nos « patients » dans les
services hospitaliers et à sensibiliser ses confrères des
urgences aux problématiques des patients que nos médecins leur adressent.

Le concept de l'agora allait prendre toute sa dimension
humaine avec l'ouverture mise en place dès 18 heures
pour ceux qui le veulent ; ce temps qui précède le dîner
est réservé aux loisirs : lecture, jeux de société, baby-foot,
gymnastique, etc. Il s'agit de permettre aux gens de vivre
un temps de détente avant le coucher, comme le fait tout

1. Mouvement de réinsertion sociale.

un chacun chez lui. Cela permet aux exclus de se fabriquer des rythmes de vie plus dynamisants.

Jusqu'à la création du Samu Social, les horaires d'accès aux centres étaient strictement limités à la nuit : on devait y arriver en fin d'après-midi, et repartir le matin au plus tôt. Nous avons commencé par repousser l'heure du départ dans tous les centres ouverts pour le Samu Social, en y créant une consultation médicale et une consultation sociale tous les matins ; ceux qui viennent voir le médecin ou l'assistante sociale peuvent ainsi passer une bonne partie de la matinée dans le centre, et être aidés dans leurs démarches. L'agora complète cette démarche de mise en place d'un sas en lien étroit avec les lieux d'accueil de jour et les services du droit commun.

Nous avons prouvé, même si tout reste encore à améliorer, qu'un véritable accueil médico-social peut être et doit être mis en place dans les centres d'hébergement d'urgence et que seul le respect redonne la dignité aux gens qui ont tout perdu.

Le sens de nos missions

Les différentes actions menées par le Samu Social demeurent étroitement liées, à la fois complémentaires et indispensables. Les équipes de nuit effectuent la première approche, la première rencontre, et offrent les prestations de base nécessaires dans l'immédiateté et l'urgence. La maraude de jour s'adresse à ceux que les équipes de nuit n'ont pas réussi à convaincre. Le numéro d'urgence 115 sert à la détection et à l'orientation de ceux qui peuvent effectuer seuls leurs premières démarches. La Maison dans le jardin est un lieu de vie destiné à permettre une halte, et favoriser peu à peu l'émergence du sens et de projets. L'espace santé et son accompagnement humain, à côté du soin médical classique, privilégient aussi le soin relationnel. Les lits infirmiers permettent de se reposer quelques jours pour guérir une petite pathologie. Enfin, le centre de Montrouge accueille dans l'urgence de la nuit et mobilise autour de son agora dès le matin...

Dans tous ces services, on retrouve la mission essentielle d'apprivoisement, d'écoute et de rencontre, un travail de très longue haleine, demandant une délicatesse infinie ; le sens même de notre intervention : aller vers ceux qui en ont le plus besoin, créer des liens avec ceux qui ne demandent plus rien, les amener à *devenir sujets.*

Chacun comprend qu'une telle action ne se situe ni tout à fait dans le champ social, ni tout à fait dans le médical, mais plutôt dans le champ du relationnel, lequel n'est guère connu au sein des institutions et n'est décrit dans aucun manuel. D'où la difficulté de trouver des professionnels disposant de compétences certifiées mais aussi de cette capacité à développer un autre mode de relations avec tous ceux qui, du fait de leur exclusion de la vie sociale, vivent une très grande souffrance.

Cette approche relationnelle nécessite toutefois de savoir garder une indispensable distance. Se tenir trop près des individus qui souffrent de très grande exclusion, c'est risquer d'être atteint par la douleur de cet autre que l'on veut secourir. Se tenir trop loin, c'est couper toute relation humaine et accorder la priorité à l'intervention technique. L'expérience nous enseigne que le contact journalier avec les grands exclus fragilise. Il est douloureux pour chacun de se rendre compte que la réinsertion dans le circuit social ne peut se faire qu'au rythme de la personne, et non à celui de nos fantasmes : dans un premier temps, ceux qui s'engagent dans la lutte contre l'exclusion le font dans une démarche militante, pétrie d'idéal, et certains ont tendance à croire qu'ils vont sauver le monde ; mais ils doivent très vite faire le deuil de leur espoir et accepter ce fait : la réinsertion sociale est un processus très long, la pente est difficile à remonter.

Aussi le droit à l'échec des hommes et des femmes que nous rencontrons a-t-il pour corollaire de notre part un contrat implicite de non-abandon. Nous savons qu'il faut ne jamais baisser les bras, poursuivre sans relâche un travail de fourmi, dont les résultats sont souvent décevants, et ne pas vivre l'échec d'une réinsertion sociale comme notre échec. Inlassablement, nous expliquons et répétons à nos équipes que la réinsertion ne peut se faire qu'au rythme de chacun. On ne peut ici raisonner en termes d'efficacité, de taux de réussite ou de performance. Les gens auxquels nous avons affaire ne disposent plus de ces notions, qui font par ailleurs des ravages dans le tissu social et professionnel de notre pays.

Parfois, lorsqu'ils acceptent la main qui se tend, apparaît comme l'amorce d'un désir, celui de remonter la pente. Le clochard de longue date décide d'arrêter de boire pendant un séjour effectué dans nos lits infirmiers. Dans l'équipe, tout le monde y croit, jusqu'à ce qu'une prochaine rechute vienne nous démontrer la fragilité de notre action... Nous le reverrons plusieurs fois dans l'année. À chaque fois, ses plaies seront soignées. Il dira encore qu'il veut s'en sortir, arrêtera de boire quelque temps, puis s'effondrera et rompra, pour repartir à la rue. Quand il reviendra, il sera plus abîmé encore, et il faudra tout reprendre...

Le cas de Pierre illustre bien mon propos : Pierre a quarante-cinq ans ; il est à la rue depuis une douzaine d'années. Avant de sombrer dans la clochardisation, il avait une bonne situation professionnelle, il était coiffeur, propriétaire de trois salons. Marié, il avait un entourage amical et familial ; rien ne l'a pourtant retenu dans la spirale d'autodestruction où il a englouti son existence. Toxicomane et coureur de jupons, il est précipité dans la déchéance le jour où un dealer le défigure. Sa femme le quitte, il tombe dans la cloche. Vagabond, il est bien connu des médecins et des infirmières du CHAPSA de Nanterre, qui le retrouvent à chaque séjour un peu plus défiguré, un peu plus désespéré ; un psychanalyste le comparera au Petit Poucet, parce qu'il sème derrière lui des morceaux de son corps... Nos équipes le rencontrent souvent près d'une église du XIVe arrondissement, mais son état d'ébriété rend difficiles tous les séjours dans les centres d'hébergement.

Un jour, il est pourtant admis dans les lits infirmiers de

l'hospice Saint-Michel ; dans ce nouveau lieu, qui allie l'esthétique et la dignité, Pierre se métamorphose. Il arrête de boire, redevient bientôt l'homme charmant qu'il était sans doute quand il tenait son salon de coiffure, demande à faire des séances de rééducation pour sa jambe, à consulter un psychiatre ; il souhaite bientôt reprendre contact avec sa famille, sa mère, ses frères et même sa fille qui ne l'a plus vu depuis qu'elle était bébé ; indéniablement, il s'est engagé dans un processus de reconstruction de soi, et nous y croyons. Il est l'objet de toute notre attention.

Pendant des jours, jamais il ne se rend seul quelque part, à sa demande d'ailleurs, car il sait bien, comme il le dit en riant, qu'il s'arrêterait au premier bistrot venu... Mais nous ne pouvons pas l'accompagner indéfiniment, il faut bien un jour qu'il fasse quelques pas tout seul. Ce jour arrive. Quelques heures après son départ, on le signale à proximité, effondré sur un trottoir, incapable de revenir seul. Le Samu médical arrive. Pierre a bu une bouteille de whisky, il est dans le coma, il sera hospitalisé quelques jours en réanimation avant de revenir, plein de bonnes résolutions. Mais il rechutera encore et encore.

Pierre n'est qu'un exemple parmi tant d'autres. Ceux qui travaillent au contact de la très grande exclusion doivent donc être solides. Autrement dit, pour écouter l'autre et favoriser l'émergence d'un désir, ils doivent avoir réglé leurs problèmes personnels. Sinon, ils se laisseront rattraper et bientôt submerger par les difficultés de tous ceux qu'ils rencontrent. Car le travailleur social, l'infirmier ou le chauffeur, qui sillonnent les rues de Paris, rentrent chez eux avec le souvenir des visages meurtris, des histoires de vie et de mort entendues toute la nuit... Le sommeil ne vient pas toujours. Mieux vaut rentrer dans un appartement où l'on est accueilli et aimé ; sinon, l'usure survient rapidement...

Une véritable école de formation

Malgré les difficultés inhérentes à ces missions, nous trouvons en permanence des gens motivés, prêts à donner un ou deux ans de leur vie aux autres. Leur désir d'aider leur prochain est sincère, mais il se double d'un profond engagement citoyen. C'est en effet la grande différence avec une mission humanitaire effectuée à l'autre bout du monde : quand on travaille au Samu Social, cet autre est éminemment proche, il n'a rien, vraiment, d'exotique. Il pourrait être leur frère, leur mère ou leur grand-père ; tous sont leurs concitoyens. Nos permanents ne peuvent fermer les yeux : c'est bien en France que cela se passe ; c'est leur pays, le nôtre, qui souffre et qui, pourtant riche et prospère, laisse une partie de ses citoyens dans le néant...

La plupart de ceux qui travaillent dans nos équipes sont assez jeunes. De plus en plus souvent, ce sont d'autres jeunes qu'ils rencontrent ou prennent au téléphone. De quoi se poser des questions ! Mais ils ne se démotivent pas. Ils vivent avec fierté cet engagement et ne ménagent pas leurs efforts ; ils partent chaque nuit comme des archanges protecteurs et ceux de la rue le savent bien puisque, même s'ils refusent leur aide, ils sont toujours heureux du café et des petites madeleines qu'ils proposent. Nous sommes loin de notions évangéliques dont ils ne voudraient pas même entendre parler, mais simplement en présence d'hommes et de femmes qui donnent le meilleur d'eux-mêmes et refusent de se résigner devant le désastre.

Aujourd'hui, près de 250 personnes sont affectées en permanence aux différentes missions du Samu Social et travaillent en alternance de jour ou de nuit, 24 heures sur 24, 365 jours par an, dans les équipes mobiles de nuit ou de jour, à la régulation du 115, à la Maison dans le jardin, à Montrouge, dans les quatre centres d'hébergement pour soins infirmiers...

Parmi elles, beaucoup d'infirmières, d'assistantes sociales, d'éducateurs, etc. D'autres n'ont pas forcément ce type de formation spécialisée, mais par leur expérience dans d'autres domaines, leur personnalité, leur chaleur humaine, elles sont devenues des travailleurs sociaux de l'urgence, « des créateurs de liens, des facilitateurs du sens ».

Pour réaliser ces missions d'approche et d'apprivoisement, nous avons dû créer de nouveaux métiers adaptés à l'urgence sociale des situations : des « accueillants sociaux d'urgence » ont été formés à Montrouge pour remplacer les anciens surveillants aux méthodes musclées ; des « logisticiens sociaux », « chauffeurs-accueillants sociaux » ont fait leur apparition : polyvalents, ils sont les indispensables maillons entre la rue et les institutions de droit commun ; ils savent accueillir, écouter, créer du lien ; ils connaissent l'ensemble des informations indispensables et tous les lieux ressources ; ils n'ont pas peur de mettre la main à la pâte : conduire, faire les premiers gestes de secours en attendant le Samu médical ou les pompiers, aider une infirmière à doucher une personne très clochardisée, servir un repas, préparer un café, etc.

Ces emplois sont une chance pour des jeunes n'ayant pas de qualification particulière dans le champ social mais ayant un bon équilibre, beaucoup de générosité et l'envie d'être les précurseurs de nouveaux métiers. Le 115 a nécessité de former des « agents de téléphonie sociale », autre type d'accueillants sociaux d'urgence à qui il a fallu enseigner l'écoute, l'évaluation des situations, la connaissance des différentes institutions, sans qu'ils fidélisent les appelants. Tous ces jeunes, recrutés dans le cadre du dispositif des emplois-jeunes vivent une expérience professionnelle formatrice qui leur permettra, s'ils le souhaitent, d'intégrer des écoles d'assistants sociaux, d'éducateurs voire d'infirmières, et de compléter ainsi par un diplôme cette formation que l'on ne peut acquérir que sur le terrain. Ils sont tous encadrés en permanence par des professionnels qui les forment et leur transmettent, en plus de leur savoir technique, la connaissance de la population, la philosophie de l'action et l'esprit de notre charte.

Le Samu Social, qui voit défiler en permanence tous ces gens à professionnaliser et de nombreux stagiaires à initier, est devenu une véritable école de formation au service de l'urgence sociale.

6

L'ÉMERGENCE D'UNE RÉALITÉ

Un lieu d'observation unique de l'exclusion et de la précarité

L e travail accompli sur le terrain depuis six ans nous a permis de voir comme à travers une loupe toutes les faces cachées de la société française. Et l'on peut dire que nous sommes allés de découverte en découverte... Hier encore, les clochards étaient connus de longue date du CHAPSA et leur nombre à peu près stable depuis les années 50. Nous avons été surpris par les nouvelles populations rencontrées, les jeunes de plus en plus nombreux, et parmi eux beaucoup de femmes. Depuis 1997, nous avons également eu à faire face à un nombre croissant de familles avec enfants.

Beaucoup de ces individus, à la rue depuis peu, ne portent pas sur eux les stigmates de la clochardisation. Au premier abord, on ne les distingue pas d'une personne normalement insérée ; ceux-là sont réellement rejetés de notre système économique, qui ne permet plus à ceux qui ont un faible degré de qualification de trouver un petit boulot ; ils deviendront des abonnés à vie d'un RMI qui ne mène pas davantage à l'insertion professionnelle.

Cette population, souvent banalisée sous le terme générique de SDF, est en réalité mal connue, ne fût-ce que d'un point de vue quantitatif : combien sont-ils en France, en Île-de-France ? Le concept de SDF recouvrant des situations très différentes, les associations avancent des chiffres allant de 150 000 à 500 000 personnes pour

139

l'ensemble du territoire. Mais de quoi parle-t-on ? Des clochards à la rue depuis longtemps, des jeunes en errance, des femmes battues qui se retrouvent sans domicile au milieu de la nuit, des familles demandeuses du droit d'asile ? On peut en outre inclure dans cette recherche tous ceux qui n'ont qu'un domicile précaire, qu'ils vivent chez des parents, des amis, ou soient logés ou hébergés dans un hôtel au mois, dans un centre d'hébergement et de réinsertion sociale (CHRS), dans un hôtel social, ou bien évidemment dans un squat. Sans compter tous les mal-logés, qui vivent dans la précarité sans être tombés dans la spirale de la désocialisation, mais qui restent fragiles.

Le rapport du haut comité pour le logement des personnes défavorisées [1] tente de dénombrer les sans-abri : selon ses recherches, 35 000 personnes vivent dans des centres d'hébergement d'urgence ou des CHRS ; précisons qu'il s'agit là du nombre de places actuellement ouvertes sur toute la France, sachant que la population va et vient et que ce chiffre ne peut en aucun cas représenter le nombre réel de personnes recourant sur une année aux différents centres d'hébergement ; 550 000 habiteraient des hôtels, des meublés ou seraient sous-locataires, 100 000 personnes seraient hébergées par des tiers parce qu'elles ne peuvent pas obtenir de logements indépendants, 45 000 vivraient dans des « abris de fortune », sans compter tous les grands exclus qui refusent toute aide et vivent en permanence à la rue. Quant aux mal-logés, ils semblent être plusieurs millions. Lorsque l'on s'intéresse à ces personnes ou familles qui vivent dans la précarité, on parle d'environ 20 p. 100 à 25 p. 100 de la population vivant en France [2].

Un pareil catalogue de situations aussi diverses reste trop imprécis pour espérer avancer des chiffres exacts,

1. Cinquième rapport du Haut Comité pour le logement des personnes défavorisées, mai 1999.
2. Selon le rapport du Haut Comité de santé publique paru en février 1998.

mais cette approche devrait suffire à donner l'alarme ! Pour ma part, je ne peux qu'avancer avec exactitude les chiffres des personnes rencontrées par le Samu Social de Paris en une année ; soit 27 456 personnes différentes pour 1999 qui ont eu recours au 115, ou ont été rencontrées par nos équipes mobiles. Parmi eux, 83 p. 100 d'hommes, 17 p. 100 de femmes et 1 377 enfants accompagnés de leurs parents (le nombre d'enfants accompagnés de leurs parents augmentant de plus de 50 p. 100 par rapport à l'année précédente).

L'âge moyen est de trente-cinq ans, sachant que 33 p. 100 des individus recensés ont moins de trente ans, et que les plus de soixante ans ne représentent que 3 p. 100 des rencontres. Autant dire qu'on meurt jeune à la rue, une fois perdus les principaux repères sociaux... 86 p. 100 des personnes sont célibataires.

On comprend, au vu de ces chiffres, que le Samu Social rencontre la plupart des sans-domicile qui se trouvent à un moment ou à un autre à Paris. Cela ne signifie pas forcément que plus de 27 000 personnes errent en permanence dans les rues de la capitale. Cette population a en effet des comportements variables selon son degré de désocialisation et les problèmes qu'elle rencontre.

Certains ont recours à des solutions transitoires. En fonction d'un travail en intérim ou payé au noir, ils pourront parfois dormir dans un petit hôtel, et n'appelleront pas le 115. D'autres, comme les jeunes en galère, vont et viennent de squat en hébergement chez des copains, ou dans leur famille, et n'appellent que par intermittence ; d'autres enfin peuvent soudain partir faire les vendanges, être hospitalisés ou commencer une cure de désintoxication.

Pour beaucoup, le Samu Social est un recours passager ; pour d'autres, il est la seule solution. Ceux-là nous posent de sérieux problèmes, car nous ne pouvons pas les sortir de nos centres d'extrême urgence : il n'existe pas de sas d'entrée vers l'insertion. De là où nous nous trouvons, en direct sur le terrain, nous avons une vision à la fois extrême et très précise de cette fracture sociale

qui s'est installée dans nos grandes villes, où ce phénomène est particulièrement poignant et massif, et du
gâchis social qui en découle.

Nous sommes souvent les premiers à voir errer les jeunes en rupture familiale, ceux qui sortent de prison, les
femmes jetées hors du domicile conjugal, les familles en
recherche du droit d'asile, les chômeurs de longue durée
qui n'ont plus rien, les malades psychiatriques qui n'ont
pas de domicile où poursuivre les soins après un séjour
à l'hôpital... Ce qui signifie concrètement que, de tous les
dispositifs institutionnels qui sont destinés à leur éviter
la rue, aucun n'a fonctionné pour eux...

La très grande précarité n'est qu'un reflet de la société.
Elle est l'écho de la rupture des liens sociaux, de la perte des
références et des valeurs traditionnelles, des liens avec l'entourage, affectif ou professionnel, qui caractérisent notre
époque ; la prédominance des célibataires à la rue le montre
bien. Elle est aussi la résultante de la transformation de l'organisation du travail et de la massification du chômage.

En allant à la rencontre de tous ceux qui disaient ne
plus rien attendre, nous avons découvert les diverses formes que pouvaient prendre leurs demandes cachées. La
mobilité du Samu Social et sa disponibilité 24 heures sur
24 nous ont permis d'avoir une meilleure connaissance
de leurs lésions, à la fois physiques, affectives et psychologiques. Mais à partir du moment où nous les avons
identifiées personnellement, nous n'avons pu rester
insensibles à cette demande. Nous avons dès lors essayé
de décrire techniquement, cliniquement, scientifique-
ment, en quelque sorte, les phénomènes rencontrés.

Nous avons constaté que la caractéristique première
des personnes à la rue était une très grande souffrance
psychique : le sentiment d'humiliation et de honte que
leur inspire leur état se mêle à un état de dépression inéluctable face à l'absence d'avenir, à une grande angoisse
face à la solitude et à la violence de la rue, une peur
permanente, autant de symptômes d'une souffrance qui
détruit peu à peu l'être humain.

Mais alors que l'on sait beaucoup de choses sur les comportements humains, cette souffrance psychique reste encore une terre inconnue même pour les psychiatres qui n'y voient que la conséquence de problèmes sociaux, problèmes qu'il convient selon eux de régler ailleurs que dans leur cabinet. Mais à force de précarité, de ruptures affectives, professionnelles, familiales, les personnes en sont réduites à un état où le psychiatre *doit* intervenir.

Nous ne sommes plus au xixᵉ siècle, quand les solutions retenues consistaient à cacher les pauvres, les indigents, les vagabonds. Depuis 1994, même la BAPSA ne peut plus contraindre quiconque à la suivre de force ; les textes de loi ayant changé, les responsables doivent désormais affronter les problèmes sans détour.

Pour convaincre les administrations qui continuaient à pratiquer la politique de l'autruche, nous avons décidé de mettre en place un observatoire qui réaliserait des études épidémiologiques permettant d'apporter la preuve des mutations de la population à la rue et de ses problématiques afin que les institutions puissent adapter leurs dispositifs d'accueil et de soins.

À partir de 1997, nous avons pu enregistrer en temps réel toutes nos rencontres dans un logiciel spécialement créé pour la régulation du 115, un outil très précieux qui permet de mieux connaître ceux qui appellent, leurs problématiques, la durée de leur séjour à la rue et leur situation sociale. Ce logiciel, conçu avec l'accord de la CNIL, respecte toutes les conditions indispensables d'éthique, de dignité des personnes, de confidentialité des données ; les données sont déclaratives, sans que les travailleurs sociaux ne se livrent à aucune forme d'interrogatoire. Les personnes questionnées restent libres de ne pas donner d'informations, à commencer par leur nom.

Après avoir rôdé nos outils d'analyse, nous avons décidé de lancer officiellement, le 12 avril 1999, l'Observatoire de la grande exclusion et de la grande précarité du Samu Social de Paris, qui a pour objectif d'identifier et d'analyser les problématiques des populations rencontrées par nos équipes, d'observer les phénomènes d'errance, d'établir une typologie des publics, de repérer leur trajectoire. L'Observatoire permet donc de mieux analyser les besoins et indicateurs sociaux, en vue de faire de nouvelles propositions aux pouvoirs publics.

Une petite équipe, constituée d'un médecin, Jacques Hassin – par ailleurs responsable de la consultation médicale du CHAPSA de Nanterre – et d'une sociologue démographe, Carole Lardoux, fut mise en place en 1998, avec pour mission le dépouillement et l'analyse des données médico-sociales recueillies dans le logiciel du Samu Social et la mise en œuvre d'études épidémiologiques, tant dans le domaine médical que dans le domaine des sciences humaines : c'est ainsi qu'ils ont initié une étude sur « l'étiologie de la rupture » qui permet de mieux cerner les éléments sociaux, culturels, psychiques et institutionnels qui contribuent à laisser passer des gens de l'insertion à la précarité et parfois à la grande exclusion.

Mettre en place des études sur des populations particulièrement fragiles, dépourvues de tout espace privé réel – ce qui rend plus facile l'intrusion dans leur intimité –, soulève de nombreux questionnements éthiques. Il est indispensable d'avoir une grande rigueur scientifique dans la recherche, et une méthodologie au caractère éthique irréprochable. C'est la raison pour laquelle l'Observatoire s'est doté d'un conseil scientifique qui en est le garant. Un comité de pilotage associatif s'est également mis en place, avec des acteurs de terrain qui fixent les orientations des études à mener en fonction des problématiques rencontrées et définissent ce qui est acceptable ou pas dans une recherche auprès des personnes les plus exclues.

L'Observatoire a la vocation d'être, au sein du Samu Social, la veille médico-sociale qui permettra aux institutions de s'adapter aux individus, et non l'inverse. Il a ainsi comme objectif de donner l'alarme quand arrivent de nouvelles catégories de personnes dans la rue, par exemple les enfants, ou que resurgissent des maladies transmissibles ou contagieuses telle que la tuberculose. Capable de proposer des solutions concrètes, de renforcer la mise en place d'actions sanitaires et sociales contre l'exclusion, il sera ainsi une force de propositions et tentera de faire comprendre aux pouvoirs publics qu'il y a urgence à traiter les différents problèmes le plus en amont possible, afin d'éviter que le flux de ceux qui arrivent à la rue ne grossisse.

Ne disposant d'aucun budget accordé par les pouvoirs publics pour mettre en place ces études essentielles pour avancer, nous avons chargé Martine Aulagnier, avec qui j'avais travaillé dans des fonctions antérieures et qui nous avait rejoints, de coordonner la mise en place de cet observatoire et d'en trouver les moyens de fonctionner en sollicitant le mécénat. Plusieurs entreprises citoyennes, membres du comité de parrainage du GIP, ont accepté de soutenir la création de cet observatoire [1] sur le long terme. D'autres entreprises ont choisi de financer des études ponctuelles [2] ; grâce à leur soutien, des recherches aussi variées que celles portant sur l'analyse des déficits nutritionnels engendrés par une mauvaise alimentation, les conduites addictives, les maladies psychiatriques non traitées, telles que la schizophrénie et la dépression, sont en cours ; d'autres études vont être mises en place grâce à d'autres partenaires, notamment sur la tuberculose, les femmes sans domicile fixe et les problèmes bucco-dentaires. Ces travaux permettront ainsi de mieux connaître les difficultés que vivent tous ceux qui sont réunis sous le vocable de SDF alors que leur seul point commun est souvent la rue.

1. EDF, les laboratoires Servier, la Société Thor, la Mutualité Française et le Groupe Suez-Lyonnaise-des-Eaux.
2. La Caisse des dépôts et consignations, les laboratoires Bouchara, les laboratoires Lilly, les laboratoires Pierre Fabre, Pasteur-Cerba, Sanofi et la Sogeres.

Essai de typologie

L'arrivée dans la rue se vit comme un parcours de désocialisation progressive s'accompagnant de la dégradation de la situation sociale, médicale, psychique de la personne. Par ailleurs, la composition démographique de la rue n'est pas une donnée constante : elle se transforme au fil des évolutions économiques et sociales et des flux de populations étrangères.

Les hommes et les femmes qui hantent nos villes et font tristement partie de notre quotidien ont des parcours et des histoires très différents. Ils ne se situent pas tous au même niveau d'exclusion ; les solutions à envisager sont bien évidemment très différentes, suivant que l'on a affaire à un clochard qui vit dans la rue depuis dix ans ou plus, à des jeunes toxicomanes qui se prostituent ou se livrent à des actes de petite délinquance pour payer leur dose, à des chômeurs de très longue durée qui se retrouvent brutalement sans ressources ni toit, ou à des familles entières.

Si la chute qui mène à la déchéance a une histoire souvent longue, la remontée elle aussi sera longue, et son itinéraire douloureux. Vivre à la rue, c'est de toute façon prendre le risque d'entamer le chemin qui mène à l'état d'abandon total, tel que l'être, oublié de tous les regards, ne demande plus rien, ni aide sociale, ni aide sanitaire, et va jusqu'à nier sa douleur tant il est refermé sur elle.

Un sociologue et psychologue des années 50, Alexandre Vexliard, a mis en évidence les quatre moments qui marquent le chemin de la désocialisation née de la rue[1].

Dans un premier temps, l'individu, confronté à des difficultés (perte d'emploi, divorce ou décès d'un être cher) est dans un processus réactif répondant à sa frustration ; il exprime son agressivité, voire sa violence. Il en veut à

1. Alexandre Vexliard, *Le Clochard, étude de psychologie sociale*, thèse de doctorat, Paris, Desclée de Brouwer, 1957, à qui nous empruntons la terminologie.

la terre entière, au patron qui l'a licencié, à sa femme qui l'a quitté, à tous les patrons, à toutes les femmes... Il se bat pour sortir de sa situation nouvelle. Cependant, sa personnalité et son monde intérieurs demeurent inchangés : l'individu désire revenir à son état antérieur. Comme les obstacles se multiplient et que ses possibilités se rétrécissent, ses rapports avec les autres s'altèrent tandis que son apparence se dégrade ; les portes se ferment, les guichets se taisent, sa lutte ne porte pas de fruit.

Ce premier stade est relativement réversible. Il devrait pouvoir être enrayé si les indicateurs d'alerte de nos institutions fonctionnaient correctement. En effet, l'attitude agressive, quand elle est tournée vers l'extérieur, est encore un signe de vitalité ; elle prouve que l'individu a toujours du ressort pour rebondir.

Faute d'intervention, il tombe alors dans un état de dépréciation.

S'il ne trouve pas sa place, si l'on ne veut pas de lui, c'est qu'il ne vaut rien, se dit-il. Il s'accuse, se mortifie et se flagelle : il est un pauvre type, un bon à rien. Il commence à prendre conscience de la nouveauté de sa situation, et des exigences nouvelles qu'elle induit. La notion de durée devient familière ; la situation actuelle commence à devenir l'unique et inévitable réalité. L'extérieur paraît soudain hostile, la vision du monde se transforme. Les restrictions s'accentuant, les actes deviennent régressifs et demandent des efforts épuisants.

À ce stade, l'agressivité se retourne contre l'individu lui-même ; si elle se maintient, à force de dépréciation, elle peut conduire à des maladies psychosomatiques, voire des suicides. Il est alors urgent d'intervenir.

À mesure que croissent la solitude et l'absence d'échange, son état se dégrade, il sombre dans la dépression ; c'est la phase de fixation. L'individu ne ressent plus le besoin ni le désir de se battre ; il souffre d'abattement et se laisse aller. Il s'inscrit en rupture par rapport à son passé, par rapport à la vie « normale » qui n'est plus du tout considérée comme un refuge ni un horizon d'hospitalité. Les liens d'échange se défont : l'individu apprend à recevoir sans rien donner. Une angoisse intérieure, née de ce qu'il n'accepte pas encore sa situation, répond au mépris qu'exprime le monde extérieur, surtout quand il produit des discours de justification et s'accuse lui-même. Il dérive vers des horizons dont il aura du mal à revenir et entrera dans la spirale quasi irréversible de la désocialisation.

Au-delà encore, il entre dans ce qu'on appelle la phase de la résignation. L'individu se met à revendiquer son état de faiblesse, à accepter et assumer totalement sa nouvelle condition : il valorise son état présent, ce qui favorise la légende du clochard philosophe. Il entre dans une dépression profonde qui, lorsqu'elle n'est pas traitée, se manifeste par un état d'abandon total. C'est le stade de la clochardisation : la personne vit dans le non-désir absolu. Le concept de projet n'a plus aucun sens, les valeurs sociales qui stimulent l'action sont rejetées au profit d'une attitude de refus et d'éloges vains de la liberté ; l'individu se confine dans les quelques centaines de mètres dont il a fait son territoire : il survit pour et par l'alcool.

Dans ce processus de déchéance lente, l'individu fragile a perdu peu à peu toutes ses marques, tout ce qui constitue son identité, tous les signes d'appartenance à la collectivité qui donnaient aussi le sens de son existence, son emploi, puis ses amis, sa famille, son toit.

Les clochards

Les clochards que nous rencontrons ont accompli ce chemin de la déchéance et appartiennent à ce monde de la grande exclusion, caractérisé par l'abandon total de l'individu. Ces êtres en très grand isolement et en très grande souffrance ont été longtemps perçus comme des philosophes qui auraient choisi ce mode de vie. Il n'en est rien. La vie de ces hommes – car la population est très majoritairement masculine – est de bout en bout un désastre, une « fête triste [1] » : ils accumulent les handicaps depuis l'enfance.

Mal-aimés, ils sont souvent des « enfants de la DDASS » ; sans famille, ou encore soumis, au sein de leur famille même, à la maltraitance, à l'inceste, à divers sévices corporels, ils n'ont pas été respectés ni dans leur corps ni dans leur esprit ; ils n'ont pas reçu d'amour, n'ont pas été cajolés, c'est à peine s'ils ont été regardés. La vie de ces malheureux se poursuit cahin-caha ; ils trouvent un travail, certains se marient, ont parfois des enfants. Mais les hasards de la vie, le décès de leur épouse, la rencontre de l'alcool, suivis ou précédés d'un licenciement, les font chuter. Ils ne rebondissent pas. Ils ne sont plus des hommes debout...

Arrivés à ce stade, ils ne demandent plus rien, pour trois ou quatre raisons essentielles : ils ont perdu tous leurs repères sociaux, et ne savent plus évoluer dans le temps ni dans l'espace. Comme ils sont sortis de la communauté, ils sont incroyablement seuls. Quelques-uns font la manche à deux et partagent un petit moment leur misère, et surtout leur bouteille, mais dans une relative indifférence pour l'autre. Il n'y a pas de camaraderie quand on est dans la survie. De plus, à partir du moment où quelqu'un vit à la rue, il n'est plus sujet, et ne bénéficie plus des codes sociaux auxquels nous avons tous droit. On ne s'adresse jamais à lui comme on le fait dans la vie courante à chacun d'entre nous : on le tutoie d'office, son nom n'est plus précédé de « monsieur » ou « madame »...

L'institution ne s'adresse plus à eux comme à des sujets, mais comme autant de cas sociaux à paramétrer. Ne se situant pas dans le contexte social habituel, ils recréent, faute de domicile, un nouvel espace de vie, un territoire qu'ils défendent coûte que coûte, aussi limité soit-il ; bien des exclus restent toujours au même endroit pour cette raison. Pour nous, les soignants, c'est d'ailleurs

---

1. Selon le mot d'Yves Garel, invité aux « Nuits magnétiques » de France-Culture.

un avantage indéniable : on peut les y retrouver, leur donner rendez-vous... Faute d'une aide à domicile, on peut prodiguer des soins sur leur territoire, dans ce substitut de logement. Cela nous a permis d'observer l'évolution de certaines maladies chroniques, de la tuberculose, des pathologies psychiques.

En effet, au dernier stade de la désocialisation, ils n'ont plus conscience de leur moi, et ne savent plus interpréter les signaux de danger venant par exemple de leurs lésions. Ils vivent une sorte de divorce avec leur corps et ne formulent plus aucune demande d'aide, car ils sont indifférents à tout ce qui peut leur arriver ; ils n'ont plus aucune conscience du temps : ils vivent une sorte de perpétuel présent. Chaque jour qui passe ressemblant à celui qui vient de s'écouler, ils ne peuvent plus se projeter dans l'avenir, d'autant que demain sera une nouvelle galère, identique à aujourd'hui et donc à hier. Aussi se font-ils le plus petit possible, tout ce qui leur arrive ne pouvant être qu'une agression. Ils cherchent surtout à ce qu'il ne leur arrive *rien*.

Ils semblent plongés dans une espèce de deuil sans fin, un deuil d'eux-mêmes qui ne cicatrisera jamais. Quand on est considéré par la société comme un pas-grand-chose, et ce depuis l'enfance, les autres à leur tour ne valent pas grand-chose. Les exclus vivent l'extrême souffrance, et l'on est bien loin de la légende du clochard qui a choisi de vivre libre dans la rue ; après toutes ces années passées à leurs côtés, il nous semble possible d'affirmer que ces hommes allongés sur les trottoirs de nos grandes villes ont vraiment perdu leur libre arbitre. Passifs, ils ne choisissent plus, parce qu'ils n'ont plus les moyens de le faire depuis bien longtemps...

Les grands clochards ont toujours existé, sans doute. Mais une évidence s'impose : leur état sanitaire s'aggrave, ce qui induit des problèmes de santé publique préoccupants, dont la réapparition de la tuberculose est l'emblème. De plus, si beaucoup meurent assez rapidement du fait de leurs conditions d'existence, leur nombre est à peu près constant, car il est alimenté par les personnes qui entrent dans un processus de désocialisation aggravé par la montée du chômage et de la précarité.

Au fur et à mesure que la ville se transforme, leur vie est aussi de plus en plus pénible. La question des bancs, remplacés dans le métro par des sièges creux soigneusement espacés les uns des autres afin qu'on ne puisse s'y allonger, se présente constamment dans les débats municipaux. Les personnes âgées souhaitent profiter des bancs publics, mais ceux-ci sont envahis par les clochards qui y cuvent leur vin ou par des jeunes qui font du tapage. Personne n'étant jamais content, les bancs sont régulièrement sacrifiés. La ville n'est plus hospitalière, elle se protège. Les immeubles, pourvus de digicodes avec la disparition des concierges, demeurent fermés ; les petits boulots de subsistance se raréfient.

La question de la réinsertion se pose à peine dans ces cas de souffrance psychique et physique aggravée. La seule réinsertion possible est une réintégration dans le tissu social de ces grands traumatisés de la vie, de manière à leur trouver une place au sein de notre société ; il faut mettre en place des lieux de vie, animés par du personnel compétent et bienveillant et au règlement adapté à ces personnages en grande difficulté, dans lesquels ils vivraient une vie digne au quotidien et réapprendraient progressivement tous les codes qu'ils ont perdus.

Du temps où l'hôpital s'appelait l'Hôtel-Dieu, les clochards passaient l'hiver dans les salles communes ; ainsi maintenaient-ils un lien social et recevaient-ils des infirmières quelques soins, avec l'indulgence qui est de mise face à leur penchant immodéré pour l'alcool. C'est parce que tous ces liens informels ont disparu autour d'eux, parce qu'il ne restait plus que l'horizon sans vie de Nanterre, parce que ces êtres en état de mort sociale ne demandent vraiment aucune aide, que nous avons créé le Samu Social afin d'aller vers eux, de les mettre à l'abri dans des lieux dignes de leur humanité et de leur redonner l'accès aux soins et à la citoyenneté.

Le Samu Social est leur dernier lien avec la communauté humaine : il les accueille à leur rythme et les abrite sans les juger, dans une sorte « d'asile sans mur », selon la formule de Xavier Emmanuelli. Partant à la rencontre de ces désespérés de la nuit, nous ne pensions pas découvrir le revers de la médaille de notre société moderne et prospère : l'exclusion des autres, de ceux qui se trouvent en danger de suivre ce chemin de la déchéance et risquent de venir bientôt grossir le bataillon des clochards.

Les jeunes marginaux

Le cas des jeunes en errance a de quoi inquiéter notre société. Cette catégorie est peut-être en effet la plus préoccupante ; elle regroupe des jeunes gens âgés de dix-sept à vingt-sept ans, indifféremment hommes ou femmes, souvent dépendants de l'alcool ou d'une drogue, et affectés de tout un éventail de problèmes psychologiques, voire psychiatriques pour certains d'entre eux.

Il faut distinguer les jeunes que l'on rencontre ponc-tuellement, selon la saison, dans les villes festivalières, et ceux qui hantent le cœur de nos grandes villes. Même si leur détresse est sans doute la même, celle d'une jeunesse en quête d'un sens que notre société moderne n'a pas su leur donner, les premiers sont de véritables nomades de la modernité : escortés de leur chien, ils vont de ville en ville, leur maison-sac de couchage sur le dos ; ils hantent les festivals et les gares de nos grandes villes de leur air de hippies d'une autre époque. Ils sont facilement reconnaissables à leur look et à leur équipage. Ils ne font d'ailleurs pas partie des personnes que le Samu Social rencontre habituellement et ne sont pas demandeurs d'un hébergement en centre collectif ; ils recherchent plutôt des squats, qui leur permettent de camper avec leurs chiens dont ils ne veulent en aucun cas se séparer.

L'enquête réalisée par François Chobeaux[1] nous per-

1. François Chobeaux, *Les Nomades du vide*, Actes Sud, 1996.

met de mieux les connaître : originaires de petites villes de province et de bourgs péri-urbains, ils sont issus de familles intégrées socialement dont ils ont fui les conflits internes ; ils consomment des toxiques depuis longtemps et ont eu une scolarité assez chaotique. François Chobeaux les appelle les « nomades du vide » et pose très clairement la question de ces jeunes en fuite, « malades de la société des adultes ».

Ils sont très immatures ; la relation qu'ils entretiennent avec leur chien est caractéristique de leurs carences affectives ; ils se cherchent, et se comportent un peu comme des bébés avec leur « doudou », le chien leur tenant lieu d'« objet transitionnel ». On voit souvent dans les gares ce spectacle attendrissant d'un jeune et de son chien dormant roulés en boule l'un contre l'autre, au fond du sac de couchage ; le chien lui-même, habitué à vivre 24 heures sur 24 avec son maître, manifeste des pathologies symptomatiques de cette relation exclusive qui rend angoissante toute séparation.

La symbiose est telle que l'œil averti du professionnel sait reconnaître les souffrances du maître à celles du chien : si celui-ci se gratte, il faut regarder au bout de la laisse. Les jeunes attachent d'ailleurs plus d'intérêt à faire soigner leur chien qu'eux-mêmes ; s'occupant ainsi avec attention de leur « peluche », ils attendent de grandir sans trop y croire

Les jeunes que rencontrent les équipes du Samu Social paraissent en plus grande désespérance encore ; en tout cas, ils sont plus dégradés physiquement et psychiquement. C'est peut-être le signe que, plus on est exclus au cœur de la grande ville, plus on se rapproche de la caricature de notre modernité : solitude, drogue, prostitution. Ceux qui se perdent dans ce dédale entament véritablement un chemin de croix qui les conduit rarement à la lumière, mais les enfonce plus sûrement et inexorablement vers les ténèbres et vers la mort.

Ces individus portent sur eux les stigmates de la souffrance extrême, et nous ne savons pas faire grand-chose pour eux, sinon les accompagner ; ils devraient être l'avenir d'une France vieillissante et ils vivent l'enfer, parce que cette société ne sait plus donner du sens à leur vie. À l'adresse des équipes qui les recueillent, ils expriment une demande de tendresse pathétique. Beaucoup en sont déjà au dernier stade de la désocialisation : ils vivent une vie d'errance et de solitude, sans jamais avoir le sentiment d'appartenir à un groupe. Parfois, ils constituent des bandes éphémères, mais ils se séparent très vite, ne supportant pas de contempler leur propre image dans ce miroir que l'autre leur tend en permanence. Entre eux, aucune solidarité, pas de compagnonnage, mais une solitude de chaque instant. Les amitiés, vite rompues, durent le temps de quelques nuits en centre d'hébergement. Au fond de la misère, on ne s'embarrasse pas de quelqu'un qui a les mêmes difficultés. L'autre n'est qu'un moyen : par exemple celui au désir de qui on prostitue son corps, pour rassembler l'argent nécessaire à l'achat de la dose quotidienne de crack ou d'héroïne. Ou encore le dealer qui ne lâche jamais une proie.

Ces jeunes en grande errance sont souvent des déracinés : venus à Paris pour fuir leur cité ou leur province, en rupture avec leur structure familiale, ils sont prisonniers de leur toxicomanie. Pour eux, la prostitution est souvent le seul moyen de trouver l'argent nécessaire à leur dose quotidienne. Et comme chacun sait, la toxicomanie et la prostitution sont souvent liées au sida ; beaucoup d'entre eux sont séropositifs et, ne manifestant aucun intérêt pour leur santé, ils risquent de contaminer sans en prendre conscience ceux avec qui ils ont des relations éphémères.

Comment éviter que toutes ces vies se brisent ? Sans doute une enfance passée dans l'amour et le respect constitue-t-elle un ferment d'équilibre psychique qui permet de résister aux tentations et aux pulsions autodestructrices et donne aux individus la faculté de rebondir ? C'est pourquoi il est primordial de savoir prendre en charge les enfants : il faut leur donner un capital d'amour et de respect, sans lequel ils risquent de grossir le flot des êtres qui, privés de tout, sevrés du sens, suivent un chemin d'errance et de désespérance fermé aux réalisations et aux valeurs de la vie. Car il est d'autant plus difficile de reconstruire quoi que ce soit avec eux qu'ils n'ont en général vécu que la souffrance et l'éclatement ; sur quels épisodes de vie sociale, de travail, de famille se fonder ? Quel lien évoquer à des individus à ce point maltraités par la vie ? Il semble qu'ils n'aient jamais été respectés. La destruction de soi qu'est la toxicomanie est l'expression du désarroi le plus profond : toute dimension de projet s'anéantit, pour des êtres qui vivent heure par heure.

À ce jour, les politiques ont manifestement échoué à mettre en place des mesures efficaces contre la toxicomanie. Ont-ils vraiment la volonté de lutter contre ce fléau ? Il est vrai que la toxicomanie est aussi la conséquence d'un délabrement du tissu social et le corollaire d'un désespoir affectif. Soigner un toxicomane, c'est s'occuper de lui jour et nuit, l'écouter, le regarder, lui donner l'amour dont il manque tant. Et éloigner les tentations.

Nous manquons terriblement de structures adaptées pour les sortir de la prison de la drogue, nous manquons de centres d'hébergement d'urgence pour orienter de nuit ces jeunes à la dérive ; seules 50 places d'hébergement, toujours saturées, sont ouvertes à Paris, dans un centre appelé le « Sleep-in » ; on lit dans la presse tous les débats violents auxquels donne lieu l'ouverture de centres pour toxicomanes ; chaque quartier, chaque élu voudraient les voir ailleurs... Mais repousser l'ouverture des centres ne diminuera pas le nombre de jeunes toxicomanes en errance dans les rues de la capitale ; à l'abandon dans la rue, traqués par les dealers, ils trouveront à n'importe quel prix ces doses indispensables à leur dépendance. S'il n'y a pas de lieu pour les accueillir, les apprivoiser, les protéger et les amener petit à petit à suivre des cures de désintoxication, on est obligé d'en conclure que notre société a décidé de fermer les yeux sur l'un des plus grands fléaux qui menacent une jeunesse élevée dans une société dont le projet est en panne.

155

Sur le terrain, le travail social avec ces jeunes garçons et filles est bien plus difficile qu'avec les grands clochards et bien plus angoissant, tant ils nous renvoient au nihilisme absolu, à la destruction pure et simple : un grand clochard, même au bout du rouleau, a des références culturelles communes avec nous, il a souvent une sorte de gouaille, et il a un passé. Mais les jeunes que nous rencontrons sont souvent sans le moindre lien.

Parmi eux, on compte de plus en plus de jeunes filles, au parcours terrible, si près de l'enfance mais ayant déjà subi toutes les turpitudes possibles de la part d'adultes pervers... Avec ces jeunes, les équipes du Samu Social font souvent l'expérience de la violence, car leur souffrance s'exprime de plus en plus par une agressivité envers les institutions que nous représentons. Il faut garder imperturbablement un calme bienveillant et laisser s'exprimer la colère. La rage s'étiole doucement, mais il arrive qu'il y ait quelques passages à l'acte, le plus souvent sur des objets, quelquefois sur un membre des équipes. Celles-ci sortent vidées de ces rencontres, voyant les limites de leur action et leur impuissance à sortir ces jeunes d'une déchéance quasi inéluctable.

De plus, un nombre croissant souffre de réels problèmes psychiatriques, et les relations sont tendues avec le monde de la psychiatrie qui ne sait pas quoi faire de ces jeunes et nous les renvoie une fois passés les quelques jours d'hospitalisation indispensables ; certains sont suivis par un psychiatre, mais en dehors des deux séances hebdomadaires, c'est le 115 qu'ils appellent pour avoir un hébergement, c'est dans la Maison dans le jardin qu'ils viennent passer l'après-midi et c'est dans le seul centre d'hébergement de Montrouge qu'ils sont tolérés. Tous les autres les refusent, parce qu'ils sont trop caractériels, trop violents, trop alcoolisés ou toxicomanes... Lorsque l'on est confronté à l'immense dérive de ceux qui devraient aller joyeusement dans la vie au lieu de s'enfoncer lentement vers la mort, il faut évidemment faire le deuil de sa toute-puissance, montrer son humilité et croire malgré tout que, à travers chaque geste d'un accompagnement au quotidien, celui qui souffre trouvera peut-être un jour du sens, un espoir, la lumière.

Pour eux plus encore que pour d'autres, la question se pose : qui gérera les lendemains de l'urgence ? Les quelques associations qui travaillent auprès des toxicomanes sont débordées ; le monde de la psychiatrie se défausse devant l'immensité du problème de ces jeunes qui cumulent trop de handicaps à la fois ; et les politiques se révèlent impuissants à mettre en place les réformes de fond pour enrayer le flot des enfants déchus d'une société en perte de sens...

Les nouveaux exclus

De plus en plus souvent, dans les tournées nocturnes ou à travers le 115, nous rencontrons des personnes qui, sortant d'une période de précarité, résultat la plupart du temps d'un chômage de longue durée, n'auraient jamais dû se retrouver à la rue. Cette nouvelle population nous inquiète beaucoup. Le parcours qu'elle nous décrit semble à peu près normal : ils ont eu une vie familiale, des amis, une vie professionnelle...

Comment tous ces éléments ont-ils pu disparaître jusqu'à les mener à la rue ? Car on ne se retrouve à la rue que si l'on n'a plus aucun lien social, si la solitude est absolue. Néanmoins, de plus en plus d'hommes, de femmes, et même de familles à la rue depuis peu de temps, ou même depuis quelques heures, sans autre solution dans l'immédiat, font appel chaque jour au 115. Qui sont-ils ? Comment sont-ils passés de la vie sociale organisée au néant de la rue ? Pourquoi les structures de droit commun n'ont-elles pas réagi avant ce stade fatal ?

L'étude sur l'étiologie de la rupture mise en place par l'Observatoire a donné des résultats particulièrement intéressants, d'autant que dans sa méthode elle a comparé deux groupes de personnes : des hébergés du Samu Social qui ont connu le monde de l'emploi, et des salariés d'une entreprise qui se sentaient eux-mêmes en situation de précarité et en danger de se retrouver à la rue s'ils perdaient ce dernier rempart ; le psychologue et la sociologue qui ont mené les entretiens dans la plus grande confidentialité et l'anonymat absolu ont rapporté les observations suivantes : « Ils ont tous en commun d'avoir vécu des épreuves douloureuses, voire traumatiques, qui ont pu les faire glisser vers la marginalité... Les entretiens ont tous montré une grande passivité face à leur histoire ; pour ceux qui ont encore un logement, l'environnement en semble toujours sordide et vécu comme dangereux ; enfin, le surendettement massif des salariés peut être vraiment interprété comme une pathologie du risque entraînant de nombreux déboires avec les instances sociales. Il ressort finalement de cette étude que le relationnel, le travail et le logement sont des valeurs importantes qui conditionnent ou non la "chute" des personnes interrogées [1]. »

Marie, par exemple, professeur dans un collège de la région parisienne, nous appela au standard du 115 un dimanche après-midi. Elle n'avait plus de logement à la suite de son divorce et d'un surendettement important ; sa fille qui l'hébergeait l'avait mise à la porte, à cause des difficultés que génère une cohabitation trop rapprochée... Perdue, elle téléphonait d'une cabine téléphonique.

Le permanencier téléphonique qui prit l'appel dut la rassurer, l'aider à faire le point sur son réseau relationnel afin de trouver la personne qui pouvait la dépanner jusqu'à lundi, en attendant l'ouverture des services sociaux. À l'évidence, cette femme, représentant une catégorie professionnelle ayant pour mission d'éduquer la jeunesse, ne relevait pas de nos services. Elle était néanmoins à la rue... Une solution fut trouvée pour le soir, mais que de questions ce type d'appel pose-t-il !

1. « Étiologie de la rupture, étude des facteurs qui provoquent ou évitent la grande marginalisation de deux populations aux modes de précarisation distincts », Observatoire du Samu Social de Paris, décembre 1998.

La presse a souvent raconté ce parcours : un homme que sa femme quitte, et qui se retrouve en difficulté dans son travail ; il le perd bientôt, se trouve obligé de liquider sa maison pour laquelle le couple s'était surendetté, car il ne peut plus acquitter ses échéances ; il dort quelques semaines dans sa voiture puis la vend ; ou bien il dort chez un ami avec qui des tensions apparaissent rapidement, d'autant que l'alcool envahit dangereusement son quotidien et le rend incapable de se lancer dans une recherche organisée d'emploi ; petit à petit, il va dormir à la rue, dans un recoin.

Un soir, il finit par rencontrer les équipes du Samu Social ; il est alors au fond du désespoir, son aspect physique s'est dégradé au point qu'il est difficile d'imaginer l'homme qu'il était dans son petit pavillon de banlieue, il y a peu de temps encore. Il souffre, il est dépressif, néglige sa santé et ne recherche qu'un lit, un repas, voire une douche afin de garder une apparence à peu près présentable pour des entretiens d'embauche de plus en plus hypothétiques. Il faut évidemment intervenir très vite pour qu'il reprenne le dessus. Plus il restera longtemps à la rue et plus le retour à la vie sociale sera difficile.

La vocation du Samu Social étant une mission d'urgence, il s'agit de mettre les gens à l'abri, de leur donner un repas, de leur permettre de se laver, de leur donner des vêtements propres et de les aider à se remobiliser pour démarrer au plus vite le processus de l'insertion, tant qu'ils sont encore pleins d'énergie et dans une phase dynamique, avant qu'ils ne se laissent aller à l'abandon.

Le problème est que, dans les centres d'hébergement, toutes les catégories de personnes sont mélangées, sauf les familles avec enfants qui sont mises en protection dans des chambres d'hôtel. Pour ceux qui se retrouvent brutalement à la rue, il faudrait pouvoir leur éviter la cohabitation avec les plus désocialisés dans les centres collectifs, car celui qui débarque en pleine nuit dans un centre d'hébergement d'urgence risque d'avoir l'impression qu'il ne pourra jamais s'en sortir.

De fait, si le séjour se prolonge à ce niveau de l'urgence, le danger guette, car ces centres ne sont pas faits pour y prendre le temps de mener des projets de réinsertion.

Les centres d'hébergement et de réinsertion sociale, dont c'est la vocation, ne disposent pas de places suffisantes, et malgré la loi sur les exclusions, le parc social locatif manque ; il faudrait pouvoir reloger tout de suite les gens lorsqu'ils perdent leur logement, après la rupture du couple ou après la rupture avec le milieu familial pour un jeune ; en fait, c'est avant la perte du logement qu'il faudrait pouvoir agir et mettre en place un accompagnement social dès les premiers signes de ruptures familiales, affectives ou professionnelles graves. Le rapport du haut comité pour le logement des personnes défavorisées rappelle que le parc locatif à bon marché a diminué en 12 ans de 2 300 000 logements ; pendant ce temps, on a construit seulement 140 000 logements neufs ; or, pendant ces années, la précarité des ménages s'est accrue, ce qui pose des questions sur les politiques qui ont été menées en matière de logement par les différents gouvernements.

Les statistiques issues du logiciel du 115 nous montrent que 81 p. 100 des personnes qui ont eu recours à un hébergement d'urgence en 1999 disent être à la rue depuis moins d'un an, et ces personnes vont perdre espoir s'il n'y a pas une réelle volonté politique de les sortir d'une urgence dans laquelle ils n'auraient jamais dû se trouver. Il faut tirer l'alarme car bien d'autres, qui ne sont actuellement que dans la précarité, vont basculer !

Les familles

Au détour des rues, nous rencontrons régulièrement des familles avec enfants, des femmes seules avec des bébés... Nos équipes se transforment alors en nourrices attendries : munies de couches et de lait maternisé, elles les mettent à l'abri dans de petits hôtels ou, lorsque les enfants sont malades, dans les services hospitaliers.

Au début, nous rencontrions des familles de façon très ponctuelle. Puis le mouvement s'est amplifié après l'été 1997. Les chiffres sont accablants : nous avons pris en charge cette année-là plus de 200 familles, mono ou biparentales, accompagnées de plus de 120 enfants. Le phénomène n'a fait depuis que s'aggraver. En 1999, ce sont plus de 600 familles avec plus de 1 000 enfants qui ont été prises en charge par le 115, et les statistiques révèlent un problème important d'arrivée de familles étrangères qui devrait être géré au plus haut niveau de l'État, posant la question du devenir de tous ces enfants ballottés d'hôtel en hôtel.

Il y a deux cas de figure : les familles françaises ou étrangères en situation régulière qui sont heureusement minoritaires, et les familles étrangères, pour la plupart issues des pays de l'Est, demandeuses d'un hypothétique droit d'asile.

Concernant les premières, qui restent peu de temps dans le dispositif d'urgence du Samu Social, qu'elles n'auraient d'ailleurs jamais dû rencontrer, leur situation relevant des services sociaux, nous sommes frappés par le nombre considérable de familles qui se retrouvent dans une situation précaire suite à un chômage et à un surendettement massif ; elles vivent d'abord chez des amis, puis se retrouvent à la rue, la promiscuité étant trop complexe à gérer. D'autres ont trouvé un hébergement provisoire dans un squat, dont elles ont été chassées avant de se retrouver à la rue, ou bien elles en sont sorties à l'approche de l'hiver.

Les mères seules, avec un ou plusieurs enfants, sont très souvent des femmes battues, jetées à la rue avec leur progéniture, ou des jeunes femmes enceintes et sans ressources, qui errent. Certaines familles débarquent un peu déboussolées de province, en quête d'un miracle que pourrait offrir la capitale, quelques-unes étant même orientées là par les services sociaux de leur ville d'origine, faute de solutions trouvées sur place.

Mais à Paris, les problèmes se posent au moins avec la même acuité, d'autant que les familles sont cette fois totalement coupées de leur environnement habituel. Nous reprenons alors contact avec les services sociaux qui s'occupaient d'elles, afin d'organiser leur retour dans les meilleures conditions. Sans doute sont-elles dès le départ fragilisées, tant du fait de l'immaturité psychologique de jeunes parents que de leur manque de qualification professionnelle. Il n'en reste pas moins que de telles familles ne devraient pas passer entre les mailles des interventions institutionnelles. Le secteur social devrait adapter ses moyens de repérage de manière que les familles en situation de précarité soient dépistées avant d'être à la rue.

Parallèlement, une partie importante des familles qui font appel au Samu Social sont constituées d'étrangers arrivant par vagues, au gré des problèmes politiques et économiques que connaissent leurs pays d'origine [1]. Sans doute la publicité bien imprudemment accordée par les médias à la régularisation des étrangers en situation irrégulière a-t-elle contribué à faire croire à de nombreuses personnes vivant des situations difficiles que la France les accueillerait. La réalité du terrain nous démontre qu'il n'en est rien : tous ceux qui ne relèvent pas du droit d'asile ne seront a priori pas régularisés et resteront dans la rue, où nous les rencontrons régulièrement, sans papiers ni aucune légitimité à se trouver ici. C'est ainsi que l'on voit ces familles avec enfants, ballottées d'une association caritative à une autre, faisant le désespoir des travailleurs sociaux qui sont dans l'incapacité de les aider à mener tout projet d'avenir.

Que deviendront ces familles venues en France, patrie des droits de l'homme, rechercher l'asile que nous n'avons plus les moyens de leur donner en dehors de l'action humanitaire d'urgence ? Comment vivront leurs enfants ? Notre devoir le plus élémentaire nous interdit de les lais-

---

1. Notons que le Samu Social n'a que très exceptionnellement affaire à des Africains ou à des Asiatiques, qui vivent dans des réseaux de solidarité familiale et communautaire efficaces.

ser à la rue. Mais qu'en sera-t-il de leur suivi sanitaire et de leur scolarisation ?

L'urgence a un temps, celui de l'immédiateté, de la mise à l'abri, et de la fourniture des besoins vitaux. Lorsqu'elle se pérennise, et que les responsables politiques de notre pays se contentent de fermer pudiquement les yeux – tandis que les travailleurs sociaux s'épuisent à porter des familles sans devenir –, il est temps de les interpeller.

Il est certainement plus facile de se trouver du côté humanitaire que du côté politique, mais le sujet mérite une vraie réflexion de fond de tous les acteurs de ce pays et non pas des décisions prises dans l'affolement d'une urgence grave, qui se produira inéluctablement ; lorsque l'on héberge de façon précaire des enfants en très bas âge, des nourrissons de quelques jours, lorsqu'un enfant de quatre ans est traité pour une tuberculose, nous savons – et c'est une angoisse permanente pour les permanenciers du 115 qui orientent ces familles – qu'il y aura un jour un gamin qui mourra dans l'un de ces hôtels qui cachent la misère de familles en fuite, à la recherche d'un asile économique, si ce n'est politique...

La souffrance psychique : symptôme commun à tous ceux qui vivent à la rue

Si toutes les personnes à la rue sont différentes, de par leur histoire propre et le stade de désocialisation qu'elles ont atteint, nous avons remarqué cette constante chez tous ceux que nous avons rencontrés : une véritable souffrance psychique.

C'est là le symptôme majeur de la précarité, bien avant la désocialisation. Le rapport du haut comité de la santé publique[1] explique très clairement que la précarité con-

---

1. « La progression de la précarité en France et ses effets sur la santé », ministère de l'Emploi et de la Solidarité, secrétariat d'État à la Santé, février 1998.

duit quasi inéluctablement à la souffrance psychique de ceux qui se trouvent exclus du système économique par un chômage prolongé ; il démontre que les enfants qui vivent dans ces environnements héritent de ce sentiment de honte et d'inutilité qu'ils voient sur le visage de leurs parents et ont eux-mêmes du mal à se projeter dans un avenir qui leur paraît bouché, d'où des conduites à risques importantes, des comportements violents, conséquence d'une impuissance à s'intégrer dans la société, et un taux de suicide des adolescents qui nous place en tête des pays européens.

Il faut comprendre que lorsque quelqu'un se retrouve à la rue, même depuis très peu de temps, c'est en général la conséquence d'années de galères et de précarité, durant lesquelles il aura petit à petit perdu confiance en lui, accumulé les difficultés financières, connu l'instabilité professionnelle, subi des ruptures affectives, amicales ou familiales... Toutes ces épreuves l'auront fragilisé, et il basculera à l'occasion d'un événement qui aura atteint sans doute les limites de sa résistance. Le jour où il n'aura plus de logement fixe, plus de travail stable, plus de famille ou d'amis pour le soutenir, les fondements de son équilibre risquent d'être trop fragiles pour résister et il dérivera dans la spirale de la désocialisation.

La vie dans la rue va accélérer la perte de confiance et la dévalorisation de soi. À cela s'ajoutent l'incapacité de se projeter dans l'avenir, la perte de la notion du temps, du regard sur soi, de l'intimité, en plus des frustrations multiples et permanentes. Les conditions de vie – diminution du sommeil, mauvaise hygiène, alimentation déséquilibrée, accès au soin retardé, climat de violence permanent – entraînent une altération de l'état général. La personne, qui prend conscience de cette dégradation, se trouve aux prises avec l'angoisse, la dépression. Elle souffre terriblement de son incapacité à regagner la rive.

Autour d'elle, plus personne ne la traite comme avant. Devenue SDF, elle n'est plus partie prenante de la vie normale du reste de la société. Elle sait bien, d'ailleurs, comment elle est considérée : comme une pas-grand-chose.

Petit à petit, elle en vient à se considérer elle-même de cette façon. Elle a perdu son libre arbitre. Des institutions décident pour elle. On lui prend son enfant, estimant qu'elle ne peut plus s'en occuper. On ne lui laisse pas le choix. D'ailleurs, elle n'a plus les moyens de choisir. Sa vie n'a plus de sens, elle finit par ne plus avoir de désir.

Elle peut tomber dans un processus de dépersonnalisation, sans doute pour « mieux » supporter des conditions trop pénibles pour une conscience active. Le déni constant des troubles physiques s'accompagne d'une sorte de négligence à l'égard du corps et de ses plaies, tandis que la douleur est elle-même anesthésiée dans l'alcool. Cela va jusqu'au refus d'assumer son identité : il n'est pas rare que les clochards ne se désignent que par un surnom, ou alors parlent d'eux en disant « nous, les SDF », ce qui témoigne d'une perte d'identité.

La mythomanie est chez eux un véritable réflexe verbal. Ils s'inventent très volontiers une autre vie, leur vie d'avant, que ce soit à l'adresse des travailleurs sociaux ou entre eux. Ils transforment leur passé et affabulent sur les causes qui les ont précipités à la rue.

La négation des souffrances et l'altération sélective de la conscience de soi s'accompagnent de la revendication éperdue de la liberté, qui prend des dimensions fantasmatiques dans la mesure où la vie dans la rue, qui réduit chacun à la recherche de la satisfaction de quelques besoins élémentaires, multiplie les prisons et anéantit tout espace de liberté. L'orgueil motive les prétentions à devenir Diogène sur son tonneau.

Beaucoup s'y trompent, tant dans le public, qui les perçoit comme un ensemble indifférencié et indifférenciable – « les SDF, tous des incapables, des profiteurs » –, que parmi les soignants inexpérimentés ou de mauvaise foi, qui s'arrêtent surtout au refus de toute demande de soins, ne prenant pas le temps de démêler l'histoire de tant d'années de rue afin de retrouver sous les masques le vrai visage de la souffrance qui ne demande qu'à être soulagée.

Tous ces symptômes, déjà fort douloureux, favorisent

la réapparition de pathologies ayant éventuellement donné lieu à des traitements psychiatriques antérieurs, voire à des hospitalisations psychiatriques : 24 p. 100 des personnes que nous rencontrons la nuit ont ainsi déjà fait l'objet d'une hospitalisation psychiatrique[1]. Du fait de la difficulté évidente pour les personnes sans domicile fixe de suivre un traitement médicamenteux ou d'honorer des rendez-vous réguliers dans le cadre d'une psychothérapie, les souffrances ne peuvent que resurgir.

L'institution psychiatrique se lasse rapidement de ces patients impossibles à soigner, d'autant qu'ils sont en général également dépendants de l'alcool ou autres toxiques, et qu'ils ne formulent pas nettement de réelle demande de soins.

Lorsque nous avons commencé à rencontrer tous ces hommes et ces femmes « invisibles », nous avons tout de suite perçu l'ampleur de la souffrance psychique qui les étreignait. Leur passivité, leur indifférence à leur sort, le refus systématique qu'ils opposaient à nos approches, leurs discours parfois incohérents nous ont très vite fait comprendre que ces gens étaient abandonnés au point de s'abandonner eux-mêmes et d'être incapables de formuler une demande d'aide, notamment au sens où l'entendent les psychiatres, qui n'interviennent que si le patient est demandeur.

À Paris, le lieu d'orientation en urgence pour les personnes souffrant de troubles psychiatriques se trouvant à l'hôpital Sainte-Anne, c'est là que nos infirmières avaient consigne de conduire en consultation ceux qui acceptaient de voir un psychiatre. Nous nous sommes vite heurtés à un mur d'indifférence. Manifestement, nous agacions l'institution, qui ne savait que faire de ces patients hors normes dont les conditions de vie étaient presque incompatibles avec un traitement suivi de leur pathologie. À la rigueur, en situation de crise aiguë, les psychiatres voulaient bien en hospitaliser quelques-uns.

1. *Regard sur les invisibles*, rapport d'activité paramédicale du Samu Social de Paris, hiver 1994-1995.

Mais ils savaient d'avance que cela se passerait mal, essentiellement en raison des graves dépendances à l'alcool, aux médicaments ou à divers stupéfiants. Très vite, les comportements de ces personnes n'étaient plus compatibles avec le rythme d'un service hospitalier. À la première occasion, elles en étaient virées, quand elles ne prenaient pas elles-mêmes la fuite.

Et même si le séjour se passait relativement bien, par la suite, l'hôpital ne savait pas où les envoyer se reposer et poursuivre, au calme, leur traitement. Car à l'instar des lits infirmiers, après un séjour en hôpital psychiatrique, il n'existe aucun lieu adapté qui puisse accueillir les sans-abri. Ils retournent donc à la rue, arrêtent les soins, retombent à nouveau...

L'argument qui nous est constamment opposé par l'institution voudrait que ces personnes, que le Samu Social amène à la consultation psychiatrique, n'étant pas dans une demande explicite de soins, elles ne peuvent pas nouer de lien thérapeutique, essentiel au traitement dont elles ont, peut-être, besoin.

Je me rappelle la situation d'un couple de trente-cinq ans environ, plongé dans la spirale de l'alcool. Chaque soir, ils se présentaient devant le centre d'hébergement d'urgence de Montrouge. Chaque soir, leur alcoolisme générait des tensions, voire des violences. Régulièrement, le jeune homme se taillait les avant-bras devant tout le monde ; le sang giclait partout, créant un climat d'angoisse généralisée, tandis que sa compagne, cognée de partout par son compagnon, cherchait à son tour la personne qu'elle pourrait agresser.

Lorsque nous les conduisions en consultation psychiatrique d'urgence, on apprenait qu'ils n'étaient pas du ressort de l'institution psychiatrique, et nous les ramenions dans le centre d'hébergement où il fallait beaucoup de sérénité à nos animateurs pour réussir à leur faire passer une nuit calme sans qu'il y ait d'incident avec les autres hébergés, eux-mêmes souvent très à cran. Nos équipes, qui se trouvaient isolées dans la nuit avec des patients en prise à la souffrance extrême, se trouvaient totalement démunies et devaient assumer seules, sans l'aide de l'institution psychiatrique, ces patients interdits de l'accès aux soins et condamnés à voir leur état s'aggraver...

Un principe s'imposait depuis la création du Samu Social : c'est à l'institution de s'adapter à ceux qui ne peuvent plus lui demander d'aide, et non l'inverse. Il fallait, à défaut d'être en guerre avec les psychiatres pétris d'une idéologie dépassée, instaurer une médiation humaine pour faciliter la rencontre entre eux et ces patients dont ils n'ont qu'une très faible et très insuffisante pratique.

Xavier Emmanuelli, qui avait retrouvé ses fonctions de praticien hospitalier, avait l'occasion de créer à l'hôpital Esquirol un service intitulé « souffrances et précarité », dont la mission serait d'aller au-devant de ces grands exclus qui ne viendront jamais en consultation. Il décida de constituer, en appui des équipes « classiques » du Samu Social de Paris, des équipes mobiles psychosociales dont les infirmiers psychiatriques pourraient évaluer l'état de santé mentale des personnes signalées comme présentant des troubles et entamer un travail de création de liens avec elles, visant à les amener à accepter de rencontrer un psychiatre, quitte à les accompagner à la consultation. Deux équipes allaient démarrer cette mission dès avril 1998 afin de tenter d'ouvrir les secteurs psychiatriques à d'autres pratiques, plus adaptées à des patients qui avaient perdu l'habitude d'être demandeurs de soins.

7

QUESTIONS EN SUSPENS..

Ces SDF qui tantôt dérangent, tantôt culpabilisent...

A vec la croissance économique des années d'après-guerre, les Français ne se sentaient pas vraiment concernés par le sujet de la pauvreté, sauf lorsque l'abbé Pierre lançait un « coup de gueule » et provoquait un sursaut ; dans les années 90, la crise s'amplifiant, la société tout entière s'est soudain sentie menacée par le risque d'exclusion : la pauvreté étant de plus en plus visible, les personnes à la rue provoquent alternativement la pitié ou la peur chez les autres citoyens, qui commencent à se sentir menacés par le chômage et envahis par toutes ces personnes qui font la manche aux feux rouges, devant les supermarchés, dans les gares, le métro ou se réfugient le soir dans les recoins de leurs immeubles...

La peur de devenir un jour SDF s'ajoute aux mécontentements face aux nuisances occasionnées par ceux qui sont presque toute la journée dans la rue : les débordements de langage dus à l'alcoolisme, l'utilisation des entrées des immeubles comme urinoirs, la monopolisation des jardins publics, etc. Il est incontestable que les centres d'hébergement d'urgence qui accueillent de nombreux SDF la nuit fidélisent une bonne partie de leur clientèle sur le quartier durant la journée, ce qui crée à la longue des tensions avec le voisinage. Les associations en charge de ces lieux, tout à leur dévouement pour les plus démunis, n'ont souvent pas suffisamment tenu compte des peurs de ceux qui habitent dans la proximité ; ils n'ont vu là que de l'égoïsme et n'ont pas cherché à rassurer, expliquer, informer ces citoyens qui, à force de désagrément, ont fini par devenir carrément hostiles et à interpeller leurs élus pour que ces structures soient fermées ; cette hostilité augmente dès qu'il s'agit d'ouvrir un nouveau centre, et elle atteint son paroxysme lorsque l'on parle d'accueillir des toxicomanes : l'actualité nous a montré la mobilisation massive des habitants du Xe arrondissement de Paris, s'opposant à l'ouverture d'une boutique destinée aux toxicomanes alors que, manifestement, cette population traîne dans le quartier, et qu'un nouveau lieu aurait permis de les canaliser et de les aider à aller vers des cures de désintoxication.

La politique de l'autruche n'a jamais réglé les problèmes et si l'on refuse d'ouvrir de tels centres, la question est de savoir ce qu'on fait pour tous ces gens que notre système a éjectés hors de ses circuits. Peut-on simplement les nier, en se cachant les yeux, ou se contenter de les voir remplir les colonnes de faits divers ? Ou va-t-on essayer de trouver une solution vivable à l'intérieur d'une société urbaine dont de plus en plus d'individus sont exclus ?

Il n'y a pour moi aucun doute : seule la concertation citoyenne peut nous aider à trouver des solutions humainement acceptables, sous peine d'assister au retour de mesures répressives.

L'expérience nous a prouvé que toutes les actions de dialogue menées en direction des habitants du quartier, avec l'aide des élus locaux et des représentants de la police, de la gendarmerie et des pompiers, ont toujours amélioré la situation et permis une meilleure tolérance face aux inéluctables débordements provoqués par les SDF. Tous ceux qui travaillent auprès des personnes sans-abri ont une vraie responsabilité à l'égard des autres citoyens, et l'État qui sous-traite aux associations caritatives son devoir d'accueil et de réinsertion devrait leur imposer l'obligation de mener à bien une politique d'intégration dans le maillage du quartier ou de la commune : il suffirait de leur allouer un poste d'animateur en charge des relations avec la proximité, prêt à intervenir à tout moment pour sécuriser le voisinage, affronter ses mécontentements et permettre une meilleure compréhension des problématiques et des souffrances des sans-abri.

Si ces dispositions ne sont pas prises, je crains que nous ne trouvions plus de maire prêt à accueillir un centre sur sa commune. Nous devons aux quartiers dans lesquels nous installons des lieux d'accueil le respect de leur tranquillité, et ce n'est pas en nous mettant tous les habitants à dos que nous allons aider les actuels sans-abri à se réinsérer socialement.

De plus, il y a des quartiers qui, pour des raisons liées à leur histoire – c'est le cas du XIIIe arrondissement de Paris, qui compte environ 60 à 70 p. 100 des places d'hébergement d'urgence –, ont toujours été des territoires d'accueil envers les sans-abri. Il est indispensable d'aider les élus qui par humanisme ne se sont jamais opposés à l'implantation de ces lieux, à gérer les tensions inévitables suscitées par ces milliers de personnes qui, hébergées de nuit, traînent dans le quartier de jour. L'ouverture de lieux d'accueil de jour dans les secteurs où les SDF se territorialisent est une bonne solution qui a commencé à se mettre en place dès l'ouverture des premiers espaces solidarité insertion.

Il faut également favoriser l'émergence de nouvelles relations de proximité et de solidarité entre les habitants des quartiers concernés et les sans-abri qui s'y installent, par la réponse immédiate aux difficultés rencontrées dès leur constat. Pour cela, il faudrait mettre en place des médiateurs de proximité, au service des habitants et fonctionnant en unités mobiles légères ; ils répondraient aux signalements faits par ceux qui rencontrent des difficultés relationnelles de voisinage avec les SDF. Ils développeraient un rôle de conseil, d'information et de prévention auprès des habitants : ils se rendraient sur le site signalé et évalueraient la situation en essayant de comprendre comment elle s'est mise en place ; souvent, nous constatons que la générosité a été le point de départ de difficultés relationnelles ; soucieux d'aider leurs prochains en difficulté, les citoyens leur donnent dans un premier temps à manger, des couvertures, de l'argent ; le sans-abri comprend alors qu'il a découvert un lieu de ressources et revient régulièrement ; jusqu'au moment où sa présence perturbe ceux qui ont oublié leur première intention fraternelle et qui deviennent carrément hostiles, faisant appel aux autorités pour les sortir de là. D'où le rôle essentiel de ces médiateurs de proximité qui devront assurer un travail de relais permanent entre les habitants, les sans-abri et les différents acteurs associatifs et institutionnels du secteur.

Dans les villes festivalières et les villes de bords de mer, la situation est un peu différente et s'enflamme de façon saisonnière lors de l'arrivée massive de bandes de jeunes avec chiens et bagages durant la période du festival ou durant l'été, provoquant la colère des commerçants et la peur des habitants et des touristes. Les élus, sans doute débordés par les courriers incendiaires de leurs administrés, décidèrent de prendre des mesures extrêmement visibles à partir de 1993, alors qu'ils avaient largement la possibilité de sanctionner autrement les désagréments causés sur la voie publique. Le maire de Montpellier s'illustra le premier en prenant un arrêté antimendicité interdisant « à toute personne de s'installer à quelque titre que ce soit, et sans autorisation, dans les jardins et sur les voies publiques ». Les maires de Carcassonne, de Cannes, d'Avignon, de Toulouse, de La Rochelle, de Perpignan, de Pau, de Valence, de Carpentras, de Mende... lui emboîtèrent le pas. Ces élus appartenaient à divers partis politiques, de gauche comme de droite, et tous subissaient les pressions de leurs électeurs. Toutefois, ces arrêtés antimendicité sont particulièrement inadéquats pour résoudre les situations vécues, car on ne voit pas comment on pourrait interdire l'accès à la ville en période de festivals.

Lorsque Xavier Emmanuelli participa au gouvernement,

de 1995 à 1997, il essaya d'aider les villes festivalières qui avaient des problèmes à trouver des solutions de compromis, afin qu'elles puissent accueillir ces jeunes nomades tout en perturbant le moins possible la vie de leur cité : il leur suggéra des solutions comme la création de lieux d'accueil de jour, par exemple, permettant de canaliser ces jeunes errants tout en menant une action médico-sociale auprès d'eux.

Voilà pour l'été, lorsque tout le monde a bonne conscience et trouve que, les beaux jours venus, les SDF sont décidément trop visibles. Car l'hiver, le débat est tout autre, et face à la panique récurrente provoquée par la mort du premier SDF de la saison, il a pris une tournure en apparence généreuse pour proposer des mesures autoritaires visant à mettre les SDF à l'abri, même contre leur gré.

Le premier à avoir ouvert un débat enflammé fut le maire de Longjumeau, qui posait la question de la responsabilité des élus devant les personnes à la rue dans leur ville. Au prétexte que, lorsqu'il fait très froid, les personnes à la rue risquent de mourir, il a prétendu qu'on devait pouvoir les contraindre à s'abriter, même contre leur gré. Ce faisant, et même si sa première intention partait sans doute d'un bon sentiment, il lançait un autre faux débat. Car même si l'on orientait de force un SDF pour qu'il se mette à l'abri par une nuit de grand froid, on ne peut pas le mettre en prison. Le lendemain, il ira se cacher plus loin, dans un endroit où, invisible puisque traqué, il risquera bien davantage de mourir de froid.

Le paradoxe veut que, l'hiver, les administrés s'inquiètent pour les plus démunis, et que, l'été, ils veulent les voir disparaître de leurs rues. En ce qui nous concerne, nous maintenons fermement notre position bien connue sur ce sujet : on ne peut pas et on ne doit pas, sauf risque de mort imminent, mettre quiconque à l'abri contre sa volonté, car même à terre, même à la rue, les sans-abri restent des hommes et des femmes libres de leurs choix.

Nous avons en revanche le devoir de tout mettre en œuvre pour les convaincre d'accepter de se mettre à l'abri

173

et de se soigner – et ce 365 jours par an, et non pas uniquement lorsque la mauvaise conscience collective l'emporte !

La seule initiative possible consiste à recréer des liens avec eux, à passer les voir régulièrement, tout au long de l'année et non pas seulement lorsqu'il fait froid, jusqu'à obtenir leur consentement plein et entier de citoyens sujets de droits et maîtres de leur destin. Seule l'imminence d'un danger vital peut justifier qu'un médecin décide de l'hospitalisation de celui qui refuse toute aide.

Mis à part leur effet médiatique immédiat, censé rassurer les populations, tous ces arrêtés municipaux d'hiver ou d'été ne règlent aucun problème... La question doit être posée d'une façon beaucoup plus large : pourquoi y a-t-il autant de sans-abri dans la rue ? Quels sont les processus économiques et sociaux qui multiplient ces destins brisés ? Que peut-on faire pour les réintégrer dans le tissu social ?

Cela dit, et ce n'est pas une consolation, on s'aperçoit que des mesures répressives ont été prises à la même époque dans toutes les grandes villes du monde. En 1994, John Major demande l'application de la loi sur la mendicité pour protéger le tourisme en Angleterre. En 1997, son successeur Tony Blair reprendra le thème, et favorisera l'éviction des sans-abri des rues. En novembre 1995, la mairie de Bruxelles prend une décision interdisant la mendicité. L'année suivante, le maire de Prague fait de même. Aux États-Unis, de nombreux textes comparables sont édictés contre les squats et la mendicité. *Idem* dans des grandes villes comme Le Caire. Au Brésil, au Japon, en Chine, à Moscou, on décide aussi de façon très autoritaire la sortie des sans-abri des villes. C'est donc là un phénomène mondial, qui veut répondre à l'incessant flux de populations en direction des grandes villes.

Nous nous dirigeons vers une société de plus en plus urbaine. Dans les années 2010, 80 p. 100 de la population mondiale vivra dans les mégalopoles. Les problèmes de logement et de travail ne feront que s'accentuer. D'ores et déjà, dans le tiers-monde, la majorité de la population vit dans les zones urbaines. Depuis les années 70, l'exode rural représente un phénomène quatre fois plus puissant que celui qui avait accompagné en Europe les débuts de la révolution industrielle. La plupart des grandes villes, devenues géantes, se trouveront dans les pays en voie de développement, mais les pays développés n'échapperont pas à cette problématique.

On assistera de façon massive à des phénomènes de « décohésion » sociale, les individus se retrouvant extrêmement isolés dans une société en perte de sens ; les institutions seront souvent dépassées par la multiplicité et la complexité des problèmes qui leur seront posés ; les familles éclateront, les enfants et les adolescents, risqueront souvent de se retrouver en errance et en grand danger. Déjà, dans toutes les grandes villes africaines, des milliers d'enfants vivent à la rue. Il y aura forcément une montée de la violence et un développement des migrations...

Les personnes les plus vulnérables, en précarité économique, sociale ou physiologique, comme les enfants, les femmes enceintes et les vieillards, en sont déjà ou en seront les premières victimes.

Si la réponse des pouvoirs publics consiste à repousser les sans-abri d'un endroit à l'autre, elle ne pourra que provoquer des déplacements de territoire sans régler les problèmes. On ne peut pas interdire l'entrée des villes, mettre des barbelés avec des hommes armés...

C'est pourquoi Xavier Emmanuelli a créé le Samu Social international qui a pour vocation de proposer des solutions innovantes, humaines, professionnelles et adaptées au terrain, en transposant le modèle du Samu Social de Paris pour venir en aide aux populations en difficulté ou à l'abandon dans toutes les villes du monde, au sud comme au nord.

Il s'agit d'encourager et de soutenir le développement de dispositifs analogues au Samu Social de Paris, mais finalisés et adaptés aux cultures et aux besoins locaux, où que ce soit dans le monde, et de faire partager le savoir-faire acquis par des années d'expérience sur le terrain [1]. Deux pays ont déjà choisi d'adopter ces méthodes pour traiter les problèmes posés par les populations en errance dans leur capitale : en Belgique, a été créé en 1999 le Samu Social de Bruxelles sur le modèle exact du Samu Social de Paris. Au Cameroun se met en place un Samu Social qui sera dans un premier temps consacré aux enfants des rues de Yaoundé. Tous les acteurs locaux de ces Samu Sociaux viennent se former dans les rues de Paris au contact de nos professionnels de terrain.

La crise permanente de l'accueil des sans-abri

Face à l'arrivée massive des personnes sans abri dans nos grandes villes, les réponses mises en place par les pouvoirs publics semblent toujours insatisfaisantes... Et pourtant, lorsque l'on regarde six ans en arrière, on a l'impression d'avoir fait bouger des blocs d'inertie et d'avoir provoqué des électrochocs jusqu'au plus haut niveau de l'État, menant au vote d'une loi sur les exclusions dont l'application est trop récente pour pouvoir en apprécier les résultats concrets.

Dans cette attente, on ne peut que constater que chaque hiver fait toujours couler beaucoup d'encre sur la situation de l'hébergement des sans-abri et l'hystérie atteint son paroxysme au premier mort parisien, alors que tant d'autres sont morts durant l'été dans l'indifférence générale. Pour comprendre ces débats très médiatiques qui focalisent les angoisses de nos concitoyens, il faut en analyser les paramètres au regard de l'histoire de la prise en charge des sans-abri.

Jusqu'en 1994, l'accueil des sans-abri était organisé en fonction du délit de vagabondage, qui impliquait de conduire de force les supposés « délinquants » SDF dans des dépôts de mendicité dont celui de Nanterre était la plus

1. Samu Social international, association loi 1901, *Journal officiel* du 8 août 1998. Président-fondateur : Xavier Emmanuelli.

illustre représentation ; au fur et à mesure de l'augmentation des populations à la rue, ces méthodes répressives commençant à être remises en question, l'État, qui a la responsabilité des sans-abri sur l'ensemble du territoire, a financé dans les années 80 un dispositif saisonnier supplémentaire. Cette gestion humanitaire de l'urgence n'avait pour but que de permettre aux clochards de survivre durant la saison froide, car les spécialistes du social eux-mêmes admettaient que ceux-ci ne pourraient plus se réinsérer et ne croyaient pas en ce temps-là à la nécessité d'intervenir dans les situations d'urgence sociale. Ils avaient en quelque sorte l'attitude des psychiatres d'aujourd'hui, qui ne soignent pas les malades tant que ceux-ci ne formulent pas clairement leur demande de soins. Ils pratiquaient l'action sociale « noble » dans les centres d'hébergement et de réinsertion sociale (CHRS) ou les centres d'aide par le travail (CAT) en faveur des sans-abri qui étaient porteurs d'un vrai projet de réinsertion.

Ceux qui n'étaient pas encore mûrs pour accéder aux CHRS étaient relégués dans les quelques centres d'hébergement d'urgence gérés par des associations caritatives et leurs bénévoles, ou dans le pire des cas ramassés par la BAPSA et conduits à Nanterre.

Face à ces travailleurs sociaux peu enclins au traitement de l'urgence sociale, les pouvoirs publics n'avaient pas de raison de remettre en question les campagnes dites de « pauvreté-précarité-hiver » qui voyaient s'ouvrir pour la saison des ailes d'hôpitaux, voire des stations de métro en cas de très grand froid. Tout le monde se satisfaisait de ces quelques centres asilaires ouverts pour les mois les plus rudes. Durant l'hiver 1992-1993, on comptait environ 1 500 places d'urgence accessibles à Paris. Un an plus tard, l'État et la Ville de Paris avaient trouvé 2 300 places à l'occasion du lancement du Samu Social, qui mettait la pression en allant à la rencontre des personnes qui ne demandaient plus d'aide pour les convaincre de se mettre à l'abri : il fallait logiquement plus de places, sinon cette démarche n'avait aucun sens.

À partir de ce moment, le dispositif n'a cessé de monter

en puissance et le Samu Social a permis de faire émerger des personnes inconnues jusque-là des services sociaux. Parce qu'il était un dispositif assez visible, issu de la volonté des pouvoirs publics, il a provoqué une révolution culturelle et a eu un rôle véritablement subversif par rapport aux institutions, les obligeant à se remettre en question. Avec le recul du temps, on pourrait répondre à la conseillère technique du ministère des Affaires sociales, qui avait dit à Xavier Emmanuelli : « Vous allez faire sortir des populations qui ne demandent rien », qu'elle avait décidément raison. Oui, le Samu Social de Paris a fait sortir de l'ombre ces populations, et obligé les acteurs des institutions médico-psycho-sociales à les regarder et à les prendre en compte.

Il est manifeste que la nomination de Xavier Emmanuelli au gouvernement en juin 1995 a constitué un moment décisif dans la lutte contre l'exclusion. Comme secrétaire d'État chargé de l'Action humanitaire d'urgence, il a eu un rôle pédagogique essentiel auprès des institutions et administrations, leur expliquant cette nécessité d'aller vers ceux qui sont trop exclus pour venir d'eux-mêmes ; il a donné une impulsion considérable à l'ouverture d'un nombre croissant de places, se battant pour que le dispositif soit ouvert le plus longtemps possible, tout en plaidant auprès des financiers de Bercy pour qu'il soit permanent, sans arriver à l'obtenir, pas plus que les ministres qui ont suivi ; il a encouragé la création de lieux d'accueil de jour, répétant que les dispositifs mobiles de type Samu Social et les dispositifs fixes que sont les lieux d'accueil de jour étaient complémentaires et devaient travailler en réseau afin de remobiliser en permanence les sans-abri.

Une cinquantaine de Samu Sociaux ont ainsi vu le jour en France, ainsi que de nombreux lieux d'accueil de jour dont une douzaine à Paris intra-muros ; il a incité à la professionnalisation du travail social d'urgence et à la formation du personnel et des bénévoles ; il s'est battu pour faire créer un numéro d'urgence pour les sans-abri... Il est au cœur, et à l'origine, de tous ces dossiers.

Très vite, le 115 parisien a permis de repérer des personnes moins désocialisées, à la rue depuis peu de temps. Il est devenu le révélateur d'une organisation à repenser de fond en comble. En ouvrant à Paris, en 1999, plus de 27 400 dossiers, en attribuant plus de 295 000 nuitées d'hébergement, il a apporté la preuve de l'inquiétante évolution des populations à la rue dans la capitale.

L'hiver du passage à l'an 2000, le dispositif parisien dispose d'un peu plus de 3 200 places, mais c'est à peine suffisant pour héberger tous ceux qui vivent à la rue parce qu'il y a un flux permanent de personnes qui se retrouvent sans domicile fixe et surtout parce que ceux qui ont passé l'hiver précédent dans les centres d'hébergement d'urgence y sont peut-être encore, faute d'avoir trouvé une solution. Il est certain que si tous ceux qui dorment habituellement à la rue, dans un squat ou chez des amis de passage réclamaient une place pour la nuit, le dispositif d'hébergement d'urgence exploserait...

Dans une enquête réalisée fin 1998 sur l'état des lieux de l'urgence sociale en France, le CREDOC note que « 68 p. 100 des personnes accueillies ou hébergées continuent à avoir besoin d'aide en urgence après leur passage [...] 21 p. 100 seulement ont pu trouver une solution durable à leurs difficultés [1] ».

Et pourtant, un dispositif d'urgence assez étoffé a été instauré : des places d'hébergement d'urgence dont le nombre a plus que doublé, des lieux d'accueil de jour, des dispositifs mobiles de nuit et de jour, un numéro d'appel 24 heures sur 24, des lieux de distribution de nourriture, des consultations médicales, sociales, juridiques, etc.

Malgré tout cela, on constate l'engorgement récurrent du 115, qui se heurte aux limites du système et dont les coordinateurs passent une bonne partie de la journée à tenter de récupérer quelques places par-ci, par-là. Le vice de forme tient en quelques mots : il n'y a pas assez de places pour tous ceux qui en cherchent parce que les anciens hébergés ne sont pas encore sortis d'une situa-

1. CREDOC, Collection des rapports, décembre 1998, n° 198.

tion d'urgence qui n'aurait dû durer que quelques jours,
le temps de trouver une solution de plus longue durée.
Mais les chambres en CHRS ne sont pas accessibles facilement, car le séjour de ceux qui y sont admis se prolonge, du fait du déficit important de logement très social.
Pendant ce temps, les gens qui sont maintenus dans l'urgence tournent en rond, passant d'une association à une
autre et perdant peu à peu leur possibilité de réinsertion.
Ce faisant, ils ne libèrent pas de places pour ceux qui
viennent de chuter. Dans cette organisation, il n'y aura
jamais suffisamment de places pour tout le monde...

Comment les sortir de l'urgence ?

On a oublié que l'urgence n'est qu'une méthode pour
rencontrer les gens qui n'ont plus rien, pour les mettre à
l'abri et leur permettre de retrouver leurs droits de
citoyens puis les orienter vers des centres adaptés à leur
situation. Le séjour dans les centres d'urgence ne devrait
pas excéder quelques jours ou quelques semaines, d'où
la fameuse règle des trois jours que l'on donne aux personnes qui appellent le 115, et qui n'a de sens que si l'on
peut leur trouver une autre solution plus pérenne dans
les trois jours.

On constate que, une fois dans le centre, elles sont
« prolongées » – si elles le souhaitent – jusqu'à ce qu'une
solution pérenne soit trouvée, parfois pendant des mois
quand ce n'est pas des années : les centres d'urgence qui
n'étaient prévus au départ que comme des centres de
« tri », par analogie aux urgences hospitalières, sont devenus des lieux de moyen voire de long séjour. De ce fait, ils
sont saturés et gèrent au long cours un fond, de clientèle
hétéroclite parce que l'organisation de l'après-urgence n'a
pas été pensée à la mesure des besoins et des problémá-
tiques des personnes : on ne traite pas de la même façon
des jeunes, des femmes, des familles ; on ne propose pas
les mêmes solutions à des personnes moins désocialisées, qui relèvent d'une action de remobilisation rapide,

180

qu'à des clochards qui nécessitent un accompagnement médical et psychosocial soutenu.

C'est pourquoi le séjour dans les centres d'hébergement d'urgence ne devrait pas excéder le temps nécessaire à l'évaluation de la situation, et à l'orientation vers des structures adaptées.

La question des populations sans domicile fixe ne peut se résumer au seul traitement de l'urgence, qui n'est que le premier palier d'une lente remontée vers l'insertion sociale, puis professionnelle. On ne peut pas se satisfaire du seul sauvetage social. Notre société a le devoir de redonner à ceux qui se sont retrouvés de côté la possibilité de revenir dans les circuits sociaux. Il serait grand temps de mener une réflexion stratégique large, englobant toutes les étapes, de l'accueil en urgence des sans-abri à la réinsertion sociale et professionnelle, et harmonisant l'action de tous les acteurs concernés, y compris celle des citoyens, créateurs indispensables de liens sociaux.

Il ne sert à rien de se cacher derrière les textes qui délimitent les champs de responsabilités stricto sensu des différentes institutions, car le problème dépasse largement l'État, qui est légalement en charge du problème des personnes sans domicile ; celles-ci ne dépendent pas des départements, qui ne prennent en charge que leurs administrés résidents afin d'éviter les coûts importants d'aide sociale, de logements. Mais la DDASS, qui représente l'État, n'a pas les moyens d'agir seule, et a impérativement besoin de l'aide des collectivités locales et des grands organismes publics ou privés propriétaires d'immeubles momentanément vides pour accueillir les SDF. Il me semble qu'il manque une coordination régionale à partir de laquelle on devrait pouvoir mener des actions transversales et imposer un plan stratégique régional que les différentes DDASS ont bien du mal à mettre en place, alors qu'il est de l'intérêt de tous de changer une organisation qui finira par exploser au plus mauvais moment.

À ce jour, la capitale fournit environ 3 150 places d'ur

gence sur les 5 410 ouvertes en période hivernale en région Île-de-France ; on voit tout de suite les disparités entre les différents départements au plus fort de l'hiver : 510 places dans les Hauts-de-Seine, 360 dans le Val-d'Oise, 350 en Seine-Saint-Denis, 310 dans les Yvelines, 260 dans le Val-de-Marne, 250 en Seine-et-Marne et 220 dans l'Essonne. Les sans-abri qui se trouvent sur le territoire de Paris ne sont pas tous des Parisiens mais viennent de toute la région Île-de-France, voire de province ou de l'étranger. Il faudra bien que tous les départements et toutes les communes, sans exception, acceptent de prendre une part d'un problème qui est celui de la grande mégapole, et dont le défi pour les années à venir est de savoir comment nous gérerons la prise en charge de toutes ces personnes qui affluent dans les centres-villes.

De plus, même en réduisant l'analyse à Paris intra-muros, il faut absolument revoir la répartition géographique des centres. Pour cela, le dispositif d'hébergement doit être totalement repensé.

Il faut mettre fin aux grands centres d'hébergement ouverts en urgence au gré des opportunités immobilières et remis à niveau rapidement pour une utilisation de courte durée. Comme la durée de mise à disposition est limitée, personne ne veut entreprendre les travaux d'adaptation qui deviennent rapidement indispensables, car il s'agit de bureaux ou d'ailes d'hôpitaux non prévus pour cette utilisation. Ils accueillent de plus des quantités trop importantes de personnes, et la promiscuité y reste grande même si, à l'intérieur, l'accueil s'est considérablement amélioré, de même que les prestations fournies.

Face à tous les inconvénients des gros centres collectifs qui relèvent d'une vision hygiéniste dépassée (cacher ces populations loin des regards), le principe devrait être d'ouvrir de petites unités de type « pensions de familles », permettant d'accueillir environ 30 à 40 personnes à la fois.

L'idéal serait de les répartir harmonieusement sur toute la région Île-de-France et de décongestionner les quartiers actuellement surchargés. La pension de famille est un type d'habitat susceptible de s'intégrer dans un quartier, une commune, un village, sans en perturber l'équilibre, et de permettre à ceux qui y vivront de recréer ces liens sociaux et affectifs indispensables pour redonner du sens à la vie d'un être qui a tout perdu.

À partir de cette base retrouvée, favorisant le réapprentissage de la vie quotidienne, de ses codes et de ses rythmes, la personne pourra élaborer son projet de vie et redémarrer dans la vie professionnelle avec ou sans période de formation professionnelle, en fonction de ses acquis précédents. Certains auront besoin de cette vie communautaire et seront longtemps les pensionnaires de cette pension de famille, devenant des habitants comme les autres du quartier. D'autres, plus autonomes, choisiront d'intégrer un logement individuel.

Décider la fin des grands centres asilaires et mettre en place un réseau de pensions de famille implique une vraie volonté politique de traiter les sans-abri comme ce qu'ils sont, c'est-à-dire des citoyens qui méritent la même considération que les autres. Le problème n'est plus aujourd'hui de débarrasser les rues de nos grandes villes, il est de se demander comment est-ce que l'on va réintégrer dans le tissu social tous ceux qui, par malchance, en sont sortis.

Une telle organisation permettrait de ne plus se poser la question de l'ouverture saisonnière des centres, puisqu'il s'agira de véritables maisons inscrites dans la vie des quartiers.

Il ne s'agit plus désormais de parer à l'urgence de l'hiver, il s'agit de faire face à un état d'urgence permanent qu'aucun plan saisonnier ne saurait enrayer sans que soit mis en place un véritable plan d'actions en amont et en aval : les deux vraies questions sont de savoir comment éviter l'arrivée massive des personnes à la rue, et comment ramener au plus vite dans le tissu social ceux qui tournent en rond dans l'urgence.

La première question relève de l'ordre du politique, du projet de société, et je tenterai bientôt d'y répondre. Pour la deuxième, nous avons la chance d'avoir cette veille sociale qu'est le 115, qui doit permettre aux pouvoirs publics d'appréhender l'ampleur de l'exclusion, les flux de populations, et d'adapter en permanence les réponses aux évolutions constatées.

On sait maintenant que nous serons toujours en situation de gestion de crise, car on ne sait pas quel type de populations arrivera prochainement dans la rue. Il faut donc avoir le nez sur cet outil d'observation permanente qu'offre le 115 pour pouvoir réagir très vite et proposer partout, pour sortir de l'urgence, cinq objectifs :

– un niveau d'hébergement d'urgence, toujours disponible, composé de centres à taille humaine, harmonieusement répartis, dans lesquels les personnes sont orientées après appel au 115, porte d'entrée du dispositif, afin d'y faire une première évaluation en vue d'une orientation rapide vers une structure adaptée à la situation. C'est ce niveau qui est actuellement totalement embolisé et ne permet pas d'accueillir les nouveaux demandeurs.

– un maillage de pensions de familles pour ceux qui peuvent rentrer tout de suite dans un projet de réinsertion tout en ayant besoin de recréer des liens sociaux, affectifs, amicaux, et professionnels. Ce type d'habitat ne se conçoit pas sans un accompagnement humain : un « père aubergiste » ou un « concierge charismatique », selon les auteurs, sera celui ou celle qui donnera une âme à cette maison.

– un réseau d'appartements où pourraient habiter quelques personnes qui s'entendent bien et qui s'intégreraient rapidement dans un immeuble, un quartier, mais aussi tout un réseau de chambres de bonnes, studios, etc. répartis sur l'ensemble du parc immobilier.

– des structures adaptées pour ceux qui ont des problématiques lourdes comme la toxicomanie, les problèmes psychiatriques : il va bien falloir que les psychiatres évoluent et inventent des lieux de type lits infirmiers permettant à ceux qui ont besoin de suivre un traitement sans être hospitalisés de pouvoir être hébergés et suivis par du personnel spécialisé.

– la mise en place, pour les personnes les plus clochardisées, de maisons dans lesquelles seront menés des programmes de réhabilitation psychosociale où l'on prendra le temps qu'il faut pour les apprivoiser dans le cadre d'un règlement intérieur réduit au maximum pour tenir compte de leurs très grands handicaps et les aider dans le réapprentissage de la vie quotidienne et la participation à une vie communautaire. C'est bien de réinsertion sociale qu'il s'agit là, l'objectif étant l'accès ultérieur à une pension de famille, à une maison de retraite, voire à un logement individuel.

Il faut noter des actions de solidarité citoyenne exemplaires, comme celle de l'association Sainte-Geneviève. Elle a obtenu que des particuliers mettent à sa disposition de petits logements, dont l'association est la garante, pour y accueillir des femmes sans domicile, seules ou en famille, ayant fait appel à un moment donné au Samu Social. Nous les avons orientées dans un premier temps vers une association spécialisée dans l'accueil des femmes, l'association Sainte-Geneviève leur propose un des logements pour une durée limitée, pendant laquelle les bénévoles de l'association, qui habitent le quartier, réalisent un vrai accompagnement fraternel jusqu'à la réinsertion professionnelle, qui permet le logement individuel.

Par leur action de solidarité, ces citoyens ont permis à des gens fragiles qui avaient perdu tous leurs repères de réintégrer très vite le tissu social. C'est bien la preuve que la réinsertion n'obéit pas qu'à des procédures : elle nécessite la réintroduction dans les codes, dans les liens sociaux et affectifs. C'est la preuve qu'au-delà du travail social professionnel, il faut mettre en place des réseaux de solidarité, qui ramènent dans la vie sociale grâce à la rencontre avec les autres citoyens.

Vers une remise en question des pratiques psychiatriques...

On nous a beaucoup reproché de « psychiatriser la misère » en voulant faire prendre en charge par les psychiatres les SDF rencontrés dans nos maraudes, et pourtant on ne pouvait que constater que bon nombre d'entre eux, à force de souffrances niées au contact de difficultés accumulées depuis de nombreuses années, finissaient par avoir des troubles mentaux avérés. Quelques rares psychiatres acceptaient de suivre ces personnes malgré toutes leurs difficultés, et certains, encore plus rares, acceptaient au cas par cas de venir « consulter » sur le terrain. Nous avions repéré une jeune fille que nos équipes rencontraient chaque nuit, toujours au même endroit, dans le XVIe arrondissement ; très propre, elle dormait sagement à proximité d'une bouche de chaleur. Elle parlait très peu, ne répondait à nos questions que par oui ou par non. Elle était très douce mais complètement renfermée sur elle-même. Chaque soir, durant une année, nous sommes passés la voir en essayant de créer un lien avec elle ; elle semblait indifférente et refusait toujours très poliment notre proposition de dormir dans un centre d'hébergement. Un jour, à l'occasion d'un reportage réalisé par une équipe d'« Envoyé spécial », sa famille la reconnaît ; après avoir vérifié la sincérité de leur intérêt pour cette jeune fille dont nous ne savions rien, nous avons demandé à un psychiatre ami, praticien hospitalier à Sainte-Anne – qui s'autorisait à aller sur le terrain, à titre bénévole, en fonction des situations que nous lui décrivions –, de venir évaluer l'état de cette jeune fille qui ne semblait plus reconnaître sa famille, qui refusait toute aide et ne formulait aucune demande de soins. Il réussit à la convaincre d'accepter une hospitalisation en secteur psychiatrique où elle fut soignée pendant plusieurs mois, et elle reprit peu à peu une vie normale, y compris plus tard une activité professionnelle, entourée de l'affection des siens. Jamais cette jeune fille – qui restera sans doute fragile – n'aurait pu se réinsérer si un psychiatre plein d'humanité n'avait accepté, contre les principes mêmes qui lui ont été inculqués, d'aller à sa rencontre.

Pour comprendre l'origine de ces comportements dont la rigidité blessait nos équipes, il faut rappeler que, depuis les années 60, la réforme de l'asile a mis fin aux internements abusifs des temps passés, et qu'il a été décidé d'ouvrir les portes de l'hôpital psychiatrique. Ce mouvement de pensée a constitué un indéniable progrès, de même que la mise au point de médicaments mieux adaptés et plus efficaces permettant au sujet de soigner à domicile ses symptômes après une courte période d'hospitalisation. Un bon nombre de patients étant susceptibles de bénéficier de soins sans passer par l'hébergement et la surveillance à outrance, la loi de 1970 et la circulaire de 1974 ont mis en place des dispositifs permettant de traiter le maximum de patients en dehors de l'hôpital dans des dispensaires de type dispensaire d'hygiène mentale, hôpital de jour, foyer de post-cure, atelier protégé.

Pour ce qui est de l'hospitalisation, on a mis en place une sectorisation selon laquelle chacun est du ressort de l'hôpital correspondant à son domicile et est hospitalisé pour le temps que nécessite son état ; mais cette organisation sectorielle a ses défauts, notamment pour les personnes sans domicile fixe qui ne dépendent d'aucun secteur et sont orientées sur Paris par le CPOA, consultation située au sein de l'hôpital Sainte-Anne et à partir de laquelle est décidée l'affectation à tel ou tel hôpital de secteur.

Sur place, l'hospitalisation de ces malades, qui supportent mal les contraintes de la vie collective, est d'autant plus compliquée que l'on sait par avance qu'il leur sera difficile de suivre un traitement régulier à leur sortie.

À partir du moment où nous sommes allés à la rencontre de ceux qui ne demandaient plus rien, nous avons fait le constat que la population rencontrée par nos équipes était en état de souffrance psychique grave et que bon nombre d'entre eux présentaient des troubles psychiatriques non traités ; le malentendu qui s'était installé avec le monde de la psychiatrie résidait dans cette incapacité dans laquelle les sans-abri en très grande exclusion étaient de formuler toute demande de soins à des psychiatres pétris d'une idéologie leur interdisant d'entrer dans une relation thérapeutique avec un individu qui ne leur formulait pas clairement une demande de soins.

187

De même, le psychiatre qui a le sentiment d'être dans sa mission conçoit mal ce qu'il considère comme une « psychiatrisation de la misère » et refuse de maintenir quelqu'un dans une hospitalisation prolongée sous prétexte qu'il n'a pas de domicile, laissant au social le soin de se préoccuper des conditions de vie du patient à qui la remise d'une ordonnance vaut quitus.

Bien évidemment, il ne s'agit en aucun cas de vouloir se défausser sur le secteur psychiatrique, mais force est de constater que les obstacles sont nombreux pour que la population sans domicile en souffrance psychique ait accès aux soins auxquels tout le monde a droit. L'un des grands arguments avancés par certains est fondé sur le fait que la souffrance psychique est générée par les conditions de vie et que si celles-ci étaient différentes, les troubles ne seraient pas les mêmes.

La réponse serait avant tout sociale : il est vrai que si les gens avaient un domicile, un emploi, une famille qui les entoure et que l'on puisse effacer leur enfance sordide, les sévices qu'ils ont subis et tous les traumatismes de l'âge adulte, tout irait sûrement beaucoup mieux. Mais au moment où nous rencontrons les gens dans leur détresse, la rue a provoqué des souffrances à la fois psychiques et physiques : soumises à des conditions de peur, de froid, de saleté et de violence, les personnes décompensent, d'autant qu'elles sont sevrées du regard de l'autre. Comment vivre sans entrer en relation avec autrui ?

À force de ne plus être en lien avec personne, elles ont fini par devenir malades ; à supposer que tous les paramètres sociaux soient rétablis, la souffrance ne s'effacerait pas instantanément. Mais on ne peut pas se contenter d'attendre que la situation économique et sociale s'améliore pour aider ceux qui souffrent à sortir de leur marasme. Il faut agir !

Grâce au service « Souffrances et Précarité » mis en place à partir du service du docteur Emmanuelli à l'hôpital Esquirol, d'autres psychiatres sont venus plus officiellement sur le terrain et ont constaté la nécessité de remettre en question les pratiques psychiatriques jusque-là immuables. Le docteur Sylvie Zucca, psychiatre et psychanalyste, a ainsi décrit une des premières tournées qu'elle réalisa dans la rue avec l'équipe psychosociale : « Des personnes en grande exclusion s'adressent bel et bien à notre compétence clinique. Laisser au seul champ social le soin de les prendre en charge est insatisfaisant à un double niveau : pour les "errants" et les "exclus" eux-mêmes ; leur souffrance, aussi folle soit-elle, doit pouvoir être entendue. Le seul discours de compassion ou d'assistance ne suffit pas à faire consister avec eux une relation de soin ; pour les travailleurs sociaux, qu'il n'est pas souhaitable de laisser seuls en prise avec des processus de destructions et de déliaisons psychiques. L'héroïsme a ses limites [1]. »

C'était la première fois, à ma connaissance, qu'un psychiatre reconnaissait cette souffrance imposée aux travailleurs sociaux par un monde psychiatrique refusant de se remettre en question afin de se protéger.

Comme les premières équipes mobiles du Samu Social l'ont fait pendant les premières années de leur création, les deux équipes psychosociales mises en place en avril 1998 ont inventé des méthodes de travail adaptées à l'environnement dans lequel se placent leurs rencontres, à savoir la rue, qui offre un cadre thérapeutique assez particulier, on peut même dire que les entretiens se font « hors cadre » et sans demande formulée ; ils se font dans la rue, qui devient alors « un substitut de domicile », dans les camions, les couloirs ou les chambres des centres d'hébergement ; la prise en charge des patients s'échelonne parfois sur cinq à six mois de « veille » dans la rue, le temps de créer des liens et de faire émerger une demande de soins et/ou de soutien. Ces tentatives ne sont encore que des ébauches du travail à entreprendre ; au moins ont-elles le mérite d'exister et d'interroger le monde psychiatrique sur ses pratiques et ses objectifs

1. Voir « Leçons de géographie », par Sylvie Quesemand-Zucca, dans *Exclusions, précarités : témoignages cliniques*, série « Psychologie clinique » n° 7, L'Harmattan, 1999.

réels ou supposés. Et l'ambivalence de ce dernier à l'endroit des exclus ne fait souvent que refléter celle du reste de la population, qui hésite, au gré des saisons et des circonstances, à voir les exclus comme une gêne ou comme des semblables plongés dans la misère. C'est cette double attitude de notre société, qui autorise toutes les inerties, que nous devons tous combattre, d'autant plus que la précarisation importante d'une grande partie de la population révèle une souffrance psychique majeure bien avant la désocialisation, quand elle n'y conduit pas.

Depuis le mois d'octobre 1999, Xavier a officialisé un réseau national « Souffrance et précarité », constitué autour de quelques équipes psychiatriques qui avaient commencé à travailler sur ces nouvelles situations de souffrance rencontrées dans un contexte qui ne pouvait être réduit à une problématique psychiatrique : l'ORSPERE[1] de Bron, Interface SDF à Lyon, Diogène dans le grand Lille, le projet « psychiatrie et précarité » de Lille métropole, La Ravaude à Roubaix.

Toutes ces équipes contribuent à mettre en place une clinique psychosociale qui prendra en compte la souffrance psychique qui apparaît sur les lieux du social à l'occasion de la perte du travail, du logement et des grandes ruptures affectives ; elles permettent de développer un travail de jonction entre les travailleurs sociaux et le monde psychiatrique afin de créer un réseau personnalisé au bénéfice des personnes précaires ou SDF qui ont du mal à exprimer leurs besoins et à formuler une demande d'aide ; leur offrir la possibilité d'un espace de parole, d'écoute et d'accompagnement est indispensable et le sera de plus en plus compte tenu du nombre inquiétant de personnes concernées.

Il s'agit aujourd'hui de mesurer l'étendue de la souffrance qui est vécue dans l'ombre par un nombre grandissant de nos concitoyens : les chômeurs, les précaires, les jeunes des quartiers difficiles qui se savent sans avenir,

1. Observatoire régional sur la souffrance psychique en rapport avec l'exclusion.

les grands isolés que sont les personnes âgées, et tous ceux qui avant de s'endormir font ce geste machinal de recourir aux anxiolytiques, dont les Français sont de grands consommateurs. Il est grand temps que ces spécialistes savants que sont nos psychiatres, et qui savent très bien utiliser toute la panoplie chimique que la recherche médicale a mise à leur disposition, réinventent l'écoute, les mots, les gestes qui permettent aux êtres humains de ne pas devenir fous face à certaines situations...

Le retour de la tuberculose

Depuis quelques années, la tuberculose fait sa réapparition dans toutes les grandes villes du monde, aux États-Unis, au Royaume-Uni, au Japon, en Russie, etc. La maladie réveille les vieux fantasmes des siècles passés, les sans-abris étant soupçonnés de propager les épidémies.

La tuberculose représente un sujet situé à la frontière du sanitaire, du social et de la santé publique ; elle est l'exemple même d'une maladie spécifique de la pauvreté, liée aux mauvaises conditions d'hygiène et d'hébergement. Elle est évidemment plus fréquente dans les populations défavorisées.

Le grand spécialiste mondial du sujet, le professeur Grosset, a fait le point sur la question dans un article « Quoi de neuf sur la tuberculose en 1998[1] ? » Il montre que la moyenne nationale est de 17 personnes contagieuses sur 100 000 sujets dépistés. En Île-de-France, on atteint 35 cas pour le même nombre de personnes. À Paris intra-muros, le chiffre est de 55 cas pour 100 000 personnes, avec des inégalités suivant les arrondissements. Dans le XVIIIe arrondissement, on compte ainsi 70 à 80 personnes contagieuses pour la même population. Plus les gens sont entassés dans des logements dont les conditions de salubrité sont mauvaises, plus ils risquent

1. *La Revue de médecine interne*, 1998, 19 : 613-16.

d'être contaminés par la tuberculose. L'injustice de la situation économique se double de la possibilité d'être atteint en plus par des maladies qu'ils ne contracteraient pas dans un autre environnement de vie... Il faut préciser que les programmes de lutte contre la tuberculose ont beaucoup diminué dans notre pays depuis les Trente Glorieuses. Les conditions économiques privilégiées ayant entraîné une amélioration générale de l'état de santé de la population, on avait baissé la garde, d'où une résurgence de la maladie que l'on croyait avoir reléguée aux souvenirs d'un temps passé.

À New York, quand les autorités se sont aperçues qu'elles avaient 20 cas contagieux pour 100 000 personnes, elles ont déclaré l'alerte générale et se sont donné les moyens d'en venir à bout en mettant en place des programmes appelés programmes DOT, Directly Observed Therapy. Aujourd'hui recommandés par l'OMS, ils permettent de se rendre au chevet des personnes malades et de leur faire prendre les médicaments tout en en contrôlant la prise.

Toute la difficulté consiste à repérer les personnes contagieuses. Le département de Paris met en place à travers la DASES une politique de prévention et de soins destinée à tous ceux qui en font la démarche.

À Nanterre, les médecins se sont vite aperçus qu'il y avait des cas de tuberculose chez les sans-abri hébergés au CHAPSA.

De son côté, la DASES a mené une étude dans un centre d'hébergement d'urgence de la capitale qui accueillait à l'époque jusqu'à 600 personnes chaque nuit. Il a dénombré une incidence de la tuberculose de 2 000 à 3 000 cas pour 100 000 sans-abri examinés, soit un taux 130 à 200 fois supérieur à la moyenne nationale. Il est certain que plus on entasse dans des lieux collectifs des populations très démunies, plus la tuberculose se propage. Les personnes contaminées se sont vu proposer un traitement, car le seul point positif de cette maladie est l'efficacité des traitements existants : dès la première prise de médicaments, la personne n'est plus contagieuse ; cela encourage à la généralisation des programmes de soins. En revanche, elle doit suivre un traitement sur une durée de six mois, à raison de deux ou trois fois par semaine, qui doit être rigoureusement respecté.

C'est là qu'apparaît toute la difficulté de soigner ceux qui vivent à la rue, répondent positivement à un examen de dépistage et refusent de suivre un traitement. De même, ceux qui refusent toute aide et ne se plieront jamais à un dépistage, et encore moins à la prise de médicaments. Aucune loi, aucun règlement ne peut obliger un patient qui refuse une hospitalisation à se soigner, si sa vie n'est pas immédiatement en danger de mort. De plus, on sait que les sans-abri qui cumulent de multiples problématiques (alcool, troubles psychiatriques, difficultés à s'intégrer dans un environnement organisé), et qui acceptent une hospitalisation, quittent souvent les services hospitaliers avant la fin du traitement, malgré un avis médical contraire. Car ils souffrent du manque d'alcool, de tabac, et même de liberté...

Lorsqu'ils retournent à la rue, ils ne peuvent pas suivre leur traitement correctement. Ils se font voler leurs médicaments, et très vite le traitement de la maladie devient secondaire par rapport à la survie inhérente à la rue.

Pour eux, il va bien falloir en arriver à organiser le portage des médicaments selon le programme DOT, puisque, s'ils n'ont pas de domicile, ils ont un territoire où l'on peut leur rendre visite et les convaincre en douceur de prendre leurs médicaments ; bien évidemment, cela ne peut se faire que sous contrôle médical et en présence d'une infirmière qui s'assure de la bonne prise du traitement.

Dans un premier temps, l'infirmière va tenter de convaincre la personne de venir faire une radio dans un centre spécialisé, voire d'être hospitalisée pour commencer le traitement. Si la personne est totalement réfractaire, nous déciderons de lui porter sans autre préalable son médicament sur le site. L'infirmière qui sera chargée de ce travail mènera à la fois une démarche de soin indispensable et de tissage de liens.

Une telle action fera inévitablement hurler certaines professions médicales. Mais que faire d'autre ? Il faut bien tout essayer quand des individus malades refusent tout traitement et qu'ils mettent ainsi la collectivité en danger de contagion. Sous le contrôle du professeur Grosset, dont l'autorité est incontestable, nous avons donc décidé de prendre en charge cette responsabilité, et d'organiser le portage des médicaments, qui pourrait d'ailleurs être étendu à d'autres pathologies...

On sait que toutes les maladies chroniques, de type diabète, hypertension, épilepsie, sont rarement traitées à la rue et peuvent être responsables de nombreux décès. Lorsque l'on examine de près les conditions de vie des sans-abri et leur état de santé, cela relativise beaucoup l'hystérie générale qui se déclenche autour du premier mort comptabilisé officiellement au premier froid : sans doute, certains meurent de froid, mais peut-être aussi parce qu'ils ont négligé de traiter leur diabète ou leur hypertension. Si cela survient l'été, personne n'en parle... C'est pourquoi nous n'hésiterons pas à mettre en place des programmes ambulatoires spécifiques pour ceux qui refusent de se déplacer pour pratiquer tous leurs examens, car les résultats des premiers dépistages faits dans les centres d'hébergement d'urgence sont stupéfiants : 5 p. 100 de personnes contagieuses, soit potentiellement 5 090 cas sur 100 000.

Face à une telle situation, on ne peut que répéter que c'est indiscutablement à l'institution de s'adapter aux conditions de vie des plus démunis de nos concitoyens, et ce dans l'intérêt général.

8

AUX ARMES, CITOYENS !

12 à 15 millions de personnes dans la précarité !

Il est temps de regarder en face cette société française que nous voyons chaque jour à travers le prisme déformé de la très grande exclusion. Notre pays traverse une période de mutations sans précédent, qui produit de la précarisation à une échelle massive. Aucune partie du territoire, aucune catégorie sociale n'est épargnée ; personne ne peut se dire à l'abri...

Depuis six ans, nous avons passé des milliers de nuits auprès de ces hommes et de ces femmes invisibles, posés au bord du gouffre de leur vie. Nous avons créé des liens avec eux ; nous avons croisé leurs regards effrayés puis confiants ; nous les avons encouragés à croire en un avenir accessible ; nous nous sommes battus pour leur rendre leurs droits ; nous avons mis en place des dispositifs efficaces de sauvetage ; nous avons obligé les institutions à les regarder et à les prendre en charge.

Mais aujourd'hui, il faut constater que l'avenir de ces exclus demeure incertain. Notre société urbaine, repliée sur ses peurs, n'est pas prête à les réintégrer et à leur redonner la plénitude de leurs droits. Il ne suffit pas de voter une loi : l'exclusion est un mal plus profond, qui commence d'abord dans le cœur des gens, quand l'autre est regardé comme un être différent...

Lorsque quelqu'un passe d'un état précaire où il a encore un logement, un emploi et des liens affectifs, à l'état de grande exclusion où tous ces repères essentiels ont disparu, il entre dans une sorte de « non-lieu » ; il devient un paria, mis au ban de la société, marqué d'une sorte de signe de la honte, comme du temps où M. Boulard créait l'hospice Saint-Michel pour y accueillir douze « pauvres honteux ». Mais aujourd'hui, ce sont des milliers de personnes qu'il faut réintégrer dans le tissu social...

Le Samu Social a permis de donner l'alerte en montrant de façon presque caricaturale la difficulté qu'il y a pour tous ces gens à s'insérer aujourd'hui dans une société où l'écoute et l'entraide sont décidément bien oubliées. Les plus fragiles deviennent visibles au moment où tous les remparts se sont écroulés et qu'ils se retrouvent sans toit.

Mais les autres ? Comment repérer les solitudes insupportables de ceux qui sont déjà à bout de force avant qu'ils n'arrivent au stade où ils ont tout perdu et vont connaître la rue ?

« On peut globalement estimer que ceux qui sont aujourd'hui touchés de manière objective par la précarité, ou qui l'ont été récemment, représentent probablement de 12 à 15 millions de personnes, soit de 20 à 25 p. 100 de l'ensemble de la population [1]. » C'est un constat très inquiétant pour l'avenir de notre société, même si la reprise économique semble poindre à l'horizon, car les dégâts provoqués dans le corps social sont profonds ; plusieurs générations en paieront le prix, même lorsqu'il n'y aura plus de chômage.

Il faut donner l'alarme pour ces millions de personnes qui sont encore insérées mais dont la situation laisse apparaître un état de fragilité tel qu'elles risquent un jour de grossir le bataillon de ceux qui ont chuté... Tous ces hommes et femmes vivent un quotidien difficile et peinent à assumer leurs obligations professionnelles, familiales et sociales. Leurs difficultés ne sont pas immédiatement visibles, car ils appartiennent à tous les

1. Chiffres du rapport du haut comité de santé publique, février 1998.

milieux sociaux et professionnels, bien que les catégories les plus démunies de la population soient les plus frappées. Ils sont chômeurs de longue durée, salariés à bas revenus, jeunes non qualifiés avec des emplois précaires, enfants déscolarisés, mères célibataires à bas revenus... Ils risquent, s'ils cumulent d'autres handicaps (absence de logement ou logement insalubre, solitude extrême, absence de solidarité familiale, avenir trop incertain, maladie, etc.) de glisser vers la grande pauvreté et l'exclusion.

Leur vie est éprouvante, humiliante aussi : ils doivent se priver sur les achats alimentaires, faire des économies sur le chauffage ou les vêtements, reporter à plus tard les soins dentaires, vivre dans la promiscuité et souvent dans un environnement urbain dégradé, où une peur latente plane en permanence. Les enfants nés dans ces familles ne reçoivent pas toujours de leurs parents la sécurité matérielle et affective dont ils auraient besoin, et seront souvent eux-mêmes en situation d'échec scolaire puis se retrouveront sans qualification professionnelle, avec un travail peu valorisant, ou au chômage.

Sait-on que, dans notre pays, un enfant sur dix grandit dans un foyer dont le revenu est inférieur au seuil de pauvreté[1] ? Que 80 000 enfants arrivent illettrés chaque année à leur entrée au collège ? Que le taux de chômage des jeunes sortis du système scolaire sans diplôme est considérable ? Tout au long de leur enfance, ils accumuleront des petits problèmes de santé, physiques ou psychiques, non diagnostiqués ou négligés, qui auront une influence sur leur santé à l'âge adulte. Nous détenons le

---

1. Le seuil de pauvreté correspond à la demi-médiane du revenu par foyer, soit, en 1993, 3 199 francs pour une personne seule, 4 799 francs pour un couple sans enfant, 5 758 F pour un couple avec un enfant de moins de quatorze ans, 6 718 francs pour un couple avec deux enfants de moins de quatorze ans. La grande pauvreté est définie par l'INSEE comme l'état d'un foyer dont le revenu est inférieur ou égal à un tiers du revenu médian, soit en 1993, 2 133 francs pour une personne seule et 3 838 francs pour un couple avec un enfant de moins de quatorze ans.

triste record du taux de suicide d'adolescents et de jeunes le plus élevé d'Europe [1].

Le développement massif de ce mal-être social se traduit par une progression importante de la souffrance psychique. Le sentiment d'insécurité éprouvé par celui qui vit dans ces conditions le conduit à un état d'anxiété plus ou moins marqué, à un état dépressif, à des conduites à risques (consommation excessive d'alcool, de drogues...).

Il ne suffit pas d'avoir le système de santé le plus performant, même si la mise en place de la couverture médicale universelle (CMU) va améliorer l'accès aux soins de beaucoup. Le seul fait d'entrer dans un processus où l'on prend soin de soi s'inscrit dans une dynamique où le désir de vie est essentiel. Lorsque l'avenir est bouché et que la personne ne sait pas de quoi demain sera fait, elle ne peut plus se projeter, et voit peu à peu son image se dégrader à ses propres yeux comme aux yeux de ses proches et des institutions. Elle ressent un sentiment très fort, la honte, et ce d'autant plus qu'elle ne voit pas d'issue à sa situation.

Bien sûr, la crise de l'emploi a accéléré l'exclusion des plus fragiles et a révélé des situations tragiques qui étaient latentes ; mais elle n'a fait que souligner le malaise d'une société qui vit de profondes mutations. C'est parce que tous les liens qui constituaient la charpente de notre vie sociale sont fortement ébranlés que de plus en plus de personnes isolées peuvent finir par se retrouver à la rue. Les institutions auxquelles elles s'adressent ne savent pas leur répondre autrement que derrière un guichet et en multipliant les justificatifs administratifs ; les politiques, ces élus du peuple censés les représenter, sont eux-mêmes perdus dans des discours qui se réfèrent à des idéologies dépassées. Ils ne sont plus crédibles auprès des citoyens qui ne voient rien changer à leur condition.

Face à ce désastre social qui se déroule sous nos yeux, c'est bien notre projet de société, dans son sens le plus

1. Rapport du haut comité de santé publique, février 1998.

large, qui est gravement atteint. Au lieu de multiplier les actions ponctuelles, destinées à améliorer les sondages des gouvernements et qui ne freinent en rien la chute inéluctable de ceux qui souffrent en silence derrière les murs de leur appartement, il faut tout remettre à plat et réfléchir aux véritables réformes de fond qu'il convient de mener...

Il est grand temps que les citoyens se réveillent et exigent la mise en place d'un vrai projet commun qui aurait du sens ! Il est grand temps qu'à la fin du xxe siècle, en France, ce pays riche d'une histoire extraordinaire, chaque citoyen trouve sa place dans une société plus fraternelle, au lieu d'être un pion livré à l'arbitraire d'une mondialisation sans visage !

Nous pouvons être fiers de la devise de notre République : liberté, égalité... Mais pour ce qui est de la fraternité, chaque citoyen à terre, chaque adolescent qui se suicide, chaque vieux qui meurt dans la solitude d'une maison de retraite, chaque parent qui ne sait pas quel sera l'avenir de ses enfants, est la preuve que nous n'avons pas su lui donner son sens profond. On parle plus souvent de la solidarité, constitutive de droits exigibles de l'État et des différentes institutions, alors que la fraternité se réfère à la valeur transcendante que chaque citoyen a de sa propre humanité. Et c'est bien cette réflexion qu'il s'agit de mener : quelles valeurs laisserons-nous aux générations suivantes ?

Des fractures multiples menacent notre société

Des ressorts profonds de notre corps social sont cassés, et nous en payons aujourd'hui les conséquences. Des fractures se sont produites dans notre société. Nous nous sommes laissé enivrer par les succès économiques d'après-guerre au point d'en oublier les valeurs de base qui donnent le sens de la vie en communauté : la famille, les rituels qui rythment le temps, l'éducation des enfants, la solidarité envers les plus fragiles, l'accompagnement de la fin de vie. Aujourd'hui, ces bases essentielles sont malmenées et les gens ne savent plus se repérer dans un monde qui devient de plus en plus complexe, et dont le sens profond est chaque jour plus énigmatique.

Pendant très longtemps, celui-ci reposait sur un projet commun dont les valeurs, telles que la famille, la patrie, la démocratie ou les droits de l'homme, étaient fortement ancrées dans la culture de chacun. Ces éléments essentiels, tissés de liens implicites, avaient traversé les âges et constituaient le ciment du corps social tout entier. Ils permettaient aussi d'intégrer les couches successives d'étrangers venus s'installer en France.

Or, ces valeurs ont été malmenées parce qu'elles paraissaient s'opposer à la société de consommation. On a survalorisé la possession des objets sur les relations entre les êtres, et le marketing a entrepris de manipuler les comportements de ces consommateurs bon public en leur laissant miroiter une société où tout était pensé pour leur faciliter la vie. Ce faisant, ils devenaient de simples objets qui oubliaient qu'ils étaient maîtres de leur destin. Dès lors qu'ils ne correspondaient plus aux critères d'apparence tant vantés par la publicité, on se détournait tout naturellement d'eux – les vieux, les malades, les mourants – pour poursuivre ce mirage. Le chômage a exacerbé les difficultés d'accéder à la possession de ces objets tant déifiés et la haine s'est installée dans le cœur de ceux qui ont compris que ce merveilleux monde préfabriqué ne leur serait pas accessible. Aujourd'hui, nul ne sait plus que faire face aux enfants des cités, nés en pleine crise économique et premières victimes de cet engrenage, qui cassent avec rage tous ces objets qu'ils ne peuvent pas posséder.

Une partie de la jeunesse mise au ban

Des générations entières ont été formées sur la base de ces seuls messages mercantiles. Aujourd'hui, on juge bon d'en appeler certains – essentiellement ceux qui habitent dans les cités – des « barbares » ou des « sauva-geons ». Je crois pour ma part, tout en estimant qu'il faut sanctionner sans faiblesse les actes de délinquance, que ces jeunes qui cassent avec autant de violence tous ces emblèmes de la société de consommation nous rappel-lent combien les nourritures spirituelles leur ont manqué...

Je pense aux enfants de Gennevilliers, qui ont grandi dans cette cité HLM terriblement dégradée pendant les vingt ans où ma mère y a vécu, de 1973 à 1994. Je suis témoin qu'ils y ont été abandonnés par tous, avec indiffé-rence. En 1972, lorsque la cité a été construite, les habi-tants croyaient en un avenir radieux. Nous étions heureux de ces appartements tout neufs qui nous étaient loués. La mixité sociale existait vraiment, en ce temps-là. Les enfants qui jouaient en bas des immeubles ne deman-daient qu'à s'épanouir. Mais petit à petit, la cité s'est vidée des premières familles.

Sont restées essentiellement les familles les plus pré-caires et les familles immigrées qui, venues en France pour travailler quelque temps, y ont finalement passé toute leur vie ; leurs fils et filles, nés français, sont allés à l'école de la République. Bientôt, celle-ci a été dépassée par ces classes massivement constituées de jeunes dont les parents d'origine étrangère ne savaient pas soutenir à la maison l'effort des enseignants ; coupés de leurs ryth-mes et de leurs traditions, ne comprenant pas ce monde moderne étranger à leur culture, ils ont vite perdu pied et se sont laissé dépasser par les comportements de leurs enfants. Au pays, le groupe familial tout entier aurait pal-lié ces insuffisances, les rejetons auraient été « cadrés » par tous les oncles et tantes investis par la tradition d'un vrai devoir d'éducation. De ce fait, beaucoup d'enfants n'ont pas été encouragés, c'est un euphémisme, à prendre l'ascenseur social qui avait permis à tant d'autres de s'in-tégrer.

Cette génération fragile a rencontré la drogue et ses dealers, pour qui elle était une proie idéale ; parallèle-ment, le chômage avait frappé les parents et cet argent facile permettait d'aider la famille, qui faisait semblant de ne pas savoir d'où il venait. Il faut bien reconnaître que les pouvoirs publics ont parfois fait preuve de beaucoup de lâcheté en fermant les yeux sur ces trafics, dont ils connaissaient les auteurs ; il semblerait même que, dans certaines cités, aucune intervention n'ait été assurée afin de ne pas priver les familles de revenus que l'on serait bien en peine de leur fournir autrement.

Aujourd'hui, les jeunes des cités posent un vrai problème à notre société. Face à la peur qu'ils inspirent, seules des politiques répressives semblent se mettre en place. Mais aucun déploiement de forces ne réglera le problème de fond : celui d'une jeunesse en difficulté, qui a été mise au ban de la cité.

Ceux qui font la une de l'actualité montrent de façon caricaturale les difficultés de toute une jeunesse à qui nous n'avons pas su léguer l'essentiel, c'est-à-dire le sens de la vie. Ils ont tous une grande difficulté à se projeter dans l'avenir ; en toile de fond, alors que les tabous relatifs à la sexualité ont sauté, ils sont confrontés à l'échec, au moins en partie, de la médecine sur le sida, malgré les récents espoirs thérapeutiques ; de même, ils sont victimes de l'échec de l'ambitieux programme scolaire destiné à « l'école pour tous » et se fixant comme objectif « 80 p. 100 de classe d'âge au bac » ; en période de chômage massif, et quand le diplôme n'ouvre plus guère de portes, ces slogans deviennent difficiles à entendre.

Comment s'étonner de voir une partie de plus en plus large de cette jeunesse exprimer son malaise par l'errance, la violence, la toxicomanie, la délinquance ou la simple indifférence, voire le rejet de toutes nos institutions ? Ces jeunes ont du mal à intégrer le sens du « vivre ensemble ». C'est bien le sentiment d'appartenance à la communauté nationale qui est atteint. C'est bien leur appartenance citoyenne qui est malade.

De fait, il est très difficile de transmettre à cette génération sans racines l'idée même de patrie, au moment où l'on construit un super État, l'Europe, et que l'on a supprimé le service militaire ; comme il est très difficile d'imposer l'idée de famille au sens traditionnel au moment où, dans une classe, 30 p. 100 à 40 p. 100 des enfants sont fils de divorcés et où l'on vote le PACS.

Tous les acteurs présents sur le terrain des cités sont très alarmistes et nous prédisent qu'un jour cette jeunesse, parquée dans des ghettos, qui sait qu'elle n'a pas de place à espérer au-delà de ses tours, qu'elle est marquée par sa « gueule », sera capable d'organiser de grandes émeutes. Est-il normal que nos forces de police soient mobilisées en permanence pour faire face à une partie de la jeunesse que nous sommes coupables d'avoir abandonnée ? Plutôt que de laisser les réponses au ministre de l'Intérieur qui ne peut proposer que des solutions répressives, ou envisager, dans le meilleur des cas, de transformer les CRS en police de proximité, il est grand temps que notre pays se donne les moyens réels de traiter ce problème et mette en place un véritable plan Marshall pour les banlieues au lieu de bricoler des solutions au sein d'un ministère de la Ville qui n'a pas les moyens de sa politique et qui dépend de la bonne volonté budgétaire de ses collègues du gouvernement.

Des projets d'utilité civique

Comment reconstruire des liens crédibles avec ces jeunes ? Comment faire en sorte qu'ils se sentent concernés par cette société qui leur est finalement assez hostile ? Il ne s'agit plus de poser la question de l'intégration des immigrés. Le modèle d'intégration à la française a fait ses preuves. Ils se sentent totalement français : combien n'avons-nous pas été surpris de voir tous ces gamins de banlieue chanter La Marseillaise à tue-tête lors de la Coupe du monde de football. C'est l'équipe de France qu'ils soutenaient contre toute autre, et c'est Zinedine Zidane qui a couvert de gloire le drapeau français.

Mais comment va-t-on intégrer tous ces jeunes issus de l'immigration dans le cœur de ceux qui se croient « plus français », alors qu'eux-mêmes, sont souvent issus des différentes vagues d'immigrations arrivées après la guerre, et ont été pris dans cette extraordinaire dynamique qui leur a permis de réussir socialement et d'être la fierté de leurs parents ?

N'oublions pas que ces jeunes, qui sont regardés par tous avec suspicion simplement parce qu'ils habitent telle ou telle banlieue, ont souvent un père ou un grand-père qui a versé son sang pour la France. On ne leur laisse pourtant aucune chance de prouver à leur tour qu'ils peuvent être des citoyens comme les autres. En les rejetant en bloc sans faire de tri, en faisant des contrôles d'identités sur le seul faciès, en ne les recevant pas en entretien d'embauche sur le critère de leur seule adresse et sur la consonance de leur nom, c'est toute la jeunesse française que l'on offense !

Nous sommes le pays d'Europe qui a le plus de mal à insérer ses jeunes dans le monde du travail, et particulièrement ceux issus de l'immigration. Et si, derrière la porte de leur appartement, il n'y avait que l'absence de rêves, l'impossibilité de se projeter, la misère, la violence voire la transgression des tabous ? Et si la seule façon pour eux de nous alerter était de faire beaucoup de bruit et parfois de tout casser, comme on les laisse se casser eux-mêmes, tandis que nous sommes obsédés par l'unique souci de nous protéger d'eux au lieu de nous attaquer aux problèmes de fond ?

Qui leur permet de rentrer dans le monde des adultes, puisque toutes les institutions, terrorisées, ont démissionné de ces territoires dont le seul nom fait trembler la France entière ? Nous ne pouvons pas continuer comme cela et aller vers de plus grands désastres, sinon notre génération sera coupable d'un naufrage ! Nous avons le devoir de leur redonner le sentiment d'appartenance à la nation française sous peine que n'apparaissent des replis identitaires encouragés par des intégrismes qui ont intérêt à déstabiliser nos démocraties.

Pour les jeunes, qui posent tant de questions aujourd'hui sans réponse, il manque un temps qui marque de façon initiatique le passage dans le monde adulte, que chaque société a toujours su adapter à sa culture. Le service militaire avait cet objectif, et pour les jeunes issus des milieux défavorisés et de l'immigration, il était souvent une occasion de se voir reconnu comme un citoyen titulaire de droits et de devoirs. Sa suppression, semble-t-il nécessaire, laisse un vide qu'il importe de combler et qui fait que certains jeunes n'auront jamais l'occasion de rencontrer d'autres milieux où des adultes responsables pourraient orienter positivement le cours de leur destin. En 1995, on avait prévu de mettre en place un « rendez-vous citoyen », sur une semaine, pendant laquelle le jeune aurait eu un examen de santé complet, une évaluation de son niveau scolaire, une formation au secourisme, une initiation aux institutions et à l'éducation civique, et enfin des conseils d'orientation professionnelle.

Aujourd'hui, ce temps déjà très court se réduit à une seule journée, dont le contenu ne peut en aucun cas avoir valeur symbolique auprès de nos fils qui le vivent comme une corvée obligée. Essayons de leur proposer un programme qui leur permette à la fois de se réaliser et d'être utiles à leur commune, marquant ainsi officiellement leur adhésion à la citoyenneté française ; ce service d'utilité civique serait obligatoire pour tous les jeunes, garçons et filles, et sa réalisation leur donnerait accès à leurs droits civiques, qui seraient suspendus jusqu'à sa pleine exécution.

Le jeune aurait la possibilité de proposer son propre projet ou de s'inscrire dans un projet initié par le comité de pilotage communal du service civique, présidé par le maire et réunissant un représentant de la gendarmerie comme emblème de la nation proche de chacun, un représentant de l'enseignement pour l'évaluation scolaire, un autre des associations de parents pour sensibiliser les familles, un de la DDASS pour le suivi de la santé publique, un enfin du Conseil régional pour la formation.

Ce service d'utilité civique se déroulerait sur un an, à raison d'une semaine par trimestre pour la réalisation du projet lui-même, plus une semaine consacrée à un bilan de santé approfondi, à l'évaluation du niveau scolaire du jeune et de son niveau de formation et de qualification professionnelle, débouchant au besoin sur une remise à niveau et/ou une formation financée par la région. Ce service pourrait aussi s'étaler sur cinq semaines d'affilée, si le jeune par exemple est en attente de travail.

Quelle que soit la formule retenue, le projet d'utilité civique proprement dit devra être utile à la commune, mais en aucun cas remplacer le travail d'un corps de métier que la commune n'aurait pas les moyens de financer. Ce doit être aussi quelque chose qui demande un véritable effort, et qui va à la rencontre des personnes âgées, des enfants, des exclus à qui il permet de mieux vivre.

Il ne s'agit donc pas de faire le planton devant la mairie, mais, par exemple, de transformer un terrain vague en attente de travaux en terrain de jeux provisoire pour les enfants – pour les petits frères – du quartier qui s'ennuient, ou aménager un bassin à poissons dans la maison de retraite, ou repeindre les chambres d'un centre d'hébergement pour les sans-abri, etc. Ce projet ne doit surtout pas être confondu avec les travaux d'intérêt général, les TIG, qui sont une punition.

L'idée première est de rencontrer les autres, et de leur être utile. La fin du service civique devra être marquée par une cérémonie officielle à la mairie, au cours de laquelle le maire remettrait aux jeunes, en présence des représentants des institutions, un diplôme, signifiant l'entrée rituelle dans leur vie de citoyen.

De nouveaux métiers

On sait aussi que les jeunes peu qualifiés cumulent un bas niveau scolaire, des difficultés relationnelles et familiales dans un environnement de chômage quasi institutionnalisé ; stigmatisés par les banlieues où ils habitent, ils sont dans l'incapacité de se projeter dans l'avenir et trouvent difficilement du travail.

Pour eux, il faut développer de nouveaux métiers adaptés aux besoins de la vie dans les grandes mégapoles : ces jeunes en difficulté qui ne savent pas comment fonctionner avec leurs propres destins pourront être repérés à l'occasion du service civique et orientés vers des formations nouvelles dont ils devront bénéficier dans un environnement stable, chaleureux et reconstructeur de liens, où ils pourront trouver du sens à leur vie, ce sens qui les portera ensuite à devenir des adultes productifs et à sortir de l'engrenage de la précarité.

Il faut bien reconnaître que beaucoup de ces jeunes n'ont pas bénéficié de toutes les sécurités qui permettent de construire un adulte équilibré : l'amour parental, l'éducation, la vie sociale, la part de rêves, etc. Cette étape obligée devra à un moment ou à un autre être rattrapée ; se contenter de donner un vernis de formation sans enseigner aussi les codes qui permettent de vivre en société, ceux que l'on nous serinait à longueur de temps durant les cours d'instruction civique, le catéchisme, à la maison, etc., et qui avaient pour fonction première de pacifier la société. Mais il n'est jamais trop tard et je refuse de penser que, pour une partie de la jeunesse, demain n'existe pas. C'est pourquoi il nous faut inventer des solutions novatrices autour des valeurs positives de notre République.

Il faut accueillir ces jeunes en grande précarité, non pas dans des foyers sans âme de jeunes travailleurs, mais dans des maisons de type « pensions de famille », dans lesquelles on favorisera l'apprentissage de la vie collective avec tous les rituels et les obligations que l'on se doit d'avoir dans une maison, tout en leur donnant cet accompagnement humain qui leur a tant manqué. Parallèlement, au fur et à mesure que ce jeune être en devenir se construira, il acquerra en fonction de ses possibilités une formation.

C'est le projet que nous menons avec Xavier Emmanuelli et Jean-Pierre Roger dans le cadre d'une association, Traces de pas, qui s'est donné comme mission d'accueillir les personnes en difficulté sociale et professionnelle autour d'un concept nouveau. Il comprend la

« rencontre événement » qui permet aux jeunes de s'ouvrir sur un autre monde, de retrouver l'estime d'eux-
mêmes et la confiance dans les autres ; la « resocialisa-
tion », qui apprend les codes sociaux auxquels ils n'ont
pas été initiés, permet de « réparer », de donner une éducation sanitaire, d'aborder « l'autre » ou l'institution sans
appréhension ; la connaissance de leurs dons ou de leurs
possibilités va leur permettre une révélation et une
exploitation de leurs capacités, qui facilitera la « formation à de nouveaux métiers de logistique urbaine » qui ne
s'apprennent pas dans les filières officielles et qui correspondent pourtant à des besoins permanents dans la vie
quotidienne des personnes isolées dans la grande ville.

Il s'agit d'en faire des « logisticiens urbains », qui inter-
viendront dans les interstices des métiers spécialisés : par
exemple pour changer les ampoules chez une personne
âgée isolée, prestation qui ne fera pas déplacer l'électri-
cien du quartier, ou bien poser un cadre, faire le jardinage, les courses, laver la voiture, etc. Tous ces petits
boulots qui permettaient autrefois de faire vivre ceux qui
avaient peu de qualification tout en créant des liens rela-
tionnels dans le quartier. De nombreux horizons s'ouvrent
également autour de métiers qui apparaîtront avec les
nouvelles technologies comme le Net qui va transformer
toute la logistique du commerce dans les années à venir.

Nous ne nous regardons plus les uns les autres

Nous avons cru que l'avenir serait toujours assuré, que
nous étions les maîtres du temps et de l'espace, que nous
resterions éternellement jeunes, libres et beaux, tout-
puissants en somme. La publicité et le marketing ont
beaucoup travaillé à nous y faire rêver ; pour nourrir cette
illusion, nous avons trouvé mille solutions : des crèches
pour les enfants, des garderies avant et après l'école, tandis que nos anciens, les grands-parents se meurent à petit
feu dans des maisons spécialisées, privés de l'affection et
des liens sociaux qui donnaient du sens à leur vie.

Nous avons cassé les structures familiales élargies, qui certes avaient leurs contraintes et leur pesanteur, pour des cellules familiales restreintes qui finissent par devenir souvent des cellules monoparentales dans lesquelles celui qui reste avec les enfants, souvent la mère, assume seul ce qui était géré auparavant par le groupe familial, qui allégeait ainsi le devoir d'éducation.

Pour la première fois dans notre histoire, nous sommes isolés et séparés les uns des autres. Les valeurs symboliques sur lesquelles s'appuyait la société ne nous relient plus. Nous voilà victimes d'une espèce de sous-culture de télévision, qui nous assène des images et nous empêche de nous regarder les uns les autres, perdus face aux moments essentiels de notre humanité, qui ne sont plus vécus en partage avec le groupe. Nous sommes la première civilisation à avoir déritualisé la mort sous tous ses aspects.

Les gens ne meurent plus chez eux, il n'y a plus de cérémonie d'adieu, il n'y a plus de veillée funèbre. Nous ne savons plus accompagner ceux qui s'en vont, leur donner le temps et l'affection nécessaires pour passer ce cap. Ils meurent la plupart du temps seuls, à l'hôpital, sous des tuyaux réglés anonymement par des techniciens du soin. Avec beaucoup de chance ou de piston, on peut les faire entrer dans l'un des services de soins palliatifs où des médecins formés à l'accompagnement et des bénévoles feront ces gestes fraternels de prendre la main et d'écouter les paroles de celui qui s'en va et fait le point de sa vie. Les enterrements sont effectués à la va-vite, sans les rituels qui permettent de faire le deuil, de se rappeler le souvenir de celui que l'on aimait. Autrefois on savait se réunir autour d'un repas familial où l'on évoquait le défunt, les moments importants de sa vie, les joies et les peines que l'on avait partagées avec lui.

Les médecins qui n'ont plus le temps d'accompagner les familles feront disparaître la douleur à grand renfort d'anxiolytiques ou d'antidépresseurs, comme s'il n'était pas normal de pleurer ceux que l'on a aimés. Plus les gens sont désocialisés et plus ils seront seuls et abandonnés dans ces moments-là. Je me souviens d'avoir assisté à l'enterrement d'une femme qui avait vécu dans la galère toute sa vie. Elle avait souhaité être incinérée sans aucune cérémonie religieuse, ce qui fut fait au funérarium du Père-Lachaise. Ses deux enfants de seize et dix-neuf ans, qui avaient vécu différents placements durant leur jeunesse, étaient présents ; après l'incinération, on remit les cendres au plus jeune des fils ; par manque de moyens, ils n'avaient pas pris l'option d'acheter le sac en velours prévu pour transporter l'urne. C'est donc dans un sac en plastique marqué SUPER M que ce garçon de seize ans repartit avec ce qui restait du corps de sa mère, sans qu'aucune parole d'accompagnement n'ait pu être prononcée par quiconque en ayant reçu le mandat. Je gardai un goût amer de cet enterrement et je pensai longtemps à ce jeune homme si près encore de l'enfance et à son devenir psychique. Même face à la mort, les pauvres vivent l'humiliation de leur condition...

Ainsi les jeunes ne sont quasiment plus en contact avec la mort, dont on ne parle pas, comme si elle avait disparu de la planète alors que l'actualité nous la montre en permanence en direct, une mort tellement banalisée qu'elle en paraît irréelle. Et des millions de gens sont alors capables de pleurer devant leur télévision en suivant l'enterrement de Lady Di, qu'ils n'avaient évidemment jamais rencontrée. De temps en temps, une image plus terrible qu'une autre va secouer la conscience collective. Des voix vont s'élever pour que l'on fasse quelque chose. Mais une actualité chasse l'autre, et la mémoire ne fixe pas l'atrocité précédente.

De plus, chacun se sent impuissant : qui peut agir ? Les politiques ? Personne ne croit plus qu'ils en aient vraiment le pouvoir... Le monde semble dirigé par des puissances sans visage... Les autorités morales qu'incarnaient les religions ? Toutes celles qui ont voulu suivre l'évolution de cette fin de siècle ont perdu du sens ; porteuses des valeurs immuables de la société, en cherchant à s'adapter, à se moderniser, elles nous ont laissés bien démunis face aux grandes épreuves de la vie : tout à notre frénésie de consommation, de compagnonnages successifs, de procréations assistées, de crèmes et de liftings destinés à effacer le passage du temps, nous avons cru que l'éternité était acquise d'avance grâce aux progrès de la science ; mais la science n'est qu'un outil au service des hommes, elle ne saura jamais nous consoler de cet immense désarroi que nous ressentons face à la mort de ceux que nous aimons. Et plus encore face à notre propre mort, que nous tentons d'oublier dans une vie dont la superficialité est encouragée par les médias qui changent de sujets à la mode en permanence.

Nous ne savons plus prendre le temps de goûter le moment qui passe, de regarder nos enfants grandir et, à travers nos petits-enfants, de comprendre que le temps approche pour nous de penser au terme de notre vie. De la naissance à la mort, le temps n'est plus rythmé par de grands événements initiatiques en rapport avec notre culture, et les enfants n'ont plus comme repères que ceux qui leur sont fabriqués par les marchands d'artifices, la dernière en titre étant Halloween, dont le succès auprès des jeunes nous laisse pantois. Toutes ces fêtes fabriquées n'ont pour conséquence que de banaliser les autres. Elles permettent peut-être de faire oublier aux enfants que les adultes ne sont plus jamais disponibles pour eux ; quant aux grands-parents qui transmettaient l'histoire de la famille au travers de mille gestes quotidiens, permettant aussi de comprendre la place de chaque génération, on les a relégués dans des maisons de retraite, où ils attendent leur fin comme des véhicules placés au rancart.

Les mariages eux-mêmes sont de moins en moins intégrés dans un rituel qui réunissait les familles au grand complet pour assister à cette union entre deux lignages différents qui devraient apprendre à se supporter tout au long de leur vie ; le divorce a été banalisé dans un environnement de facilité où l'on a cru qu'un nouveau couple allait faire oublier les échecs du précédent avant même de tenter de sauver le premier. On a entraîné dans ces nouvelles familles reconstituées nos enfants, en les mettant toujours devant un fait accompli dont ils devront payer le prix, et peut-être plusieurs générations après eux. On ne sait jamais à quel point on est capables de briser le cœur de ses enfants... Alors, comment leur reprocher de vouloir tout casser face à tant d'incohérences ?

Objectif parents [1]

Il faut aider les gens à trouver le temps de se regarder et de créer des liens entre eux. Plus ils sont isolés et, curieusement, plus ils se replient sur eux-mêmes, même au sein de la petite cellule monoparentale, où celui qui porte le poids a souvent du mal à communiquer avec ses enfants perdus devant l'écran des jeux vidéo qui les éloignent de toute réalité.

Face à cette solitude, qui ne permet plus aux parents de faire leur apprentissage, de devenir, au contact des autres et de façon implicite, ce que Françoise Dolto appelait des « parents acceptables », il faut leur proposer un accompagnement, et ce dès l'accouchement. Durant les quelques jours d'hospitalisation pendant lesquelles ils découvrent ce petit être tout neuf dont ils ont désormais la responsabilité, il faut les sensibiliser systématiquement aux problèmes qu'ils peuvent rencontrer et, avec l'aide de psychologues et de conseillers parentaux, alerter, poser les mots sur certaines notions essentielles à propos des enfants et des parents, de la place de chacun.

C'est le lieu idéal pour rappeler le cadre familial, notamment pour les jeunes parents qui n'ont pas vécu eux-mêmes dans des familles porteuses de sens et qui n'auront aucun modèle à reproduire, ou seulement des traumatismes dont leur enfant risque d'être à son tour, bien malgré eux, victime.

Enfin, il faut, dans ces grandes villes qui ne favorisent pas la communication, aider les parents isolés lorsqu'ils ont des difficultés avec leurs enfants. L'idée est de créer

1. Du nom d'une association fondée par le docteur Francis Curtet

dans la ville des petites maisons, sortes de lieux de vie chaleureux, fonctionnant sur des plages horaires accessibles à tous, où pères et mères viendraient s'entretenir avec des conseillers parentaux de la difficulté à être parent, à assumer les crises de leurs adolescents, etc. Le père ou la mère isolé pourra aussi y faire des rencontres et y passer de façon informelle, afin de parler de choses et d'autres avec d'autres parents.

De même, il faut pouvoir les aider à partir en vacances dans des lieux où ils réapprendraient à avoir des activités ludiques avec leurs enfants. Les pouvoirs publics ont beaucoup fait pour aider les enfants à partir en colonies de vacances. Très bien. Hélas, dans le même temps, les parents les plus précaires ne prennent jamais de vacances seuls ou avec leurs enfants.

Dans le cadre de l'association Traces de Pas, nous mettons en place un programme dans la Creuse qui permettra à des familles isolées de passer quelques jours avec leurs enfants pendant les vacances scolaires dans une propriété léguée par la congrégation du Sauveur et de la Sainte Vierge. Ainsi pourront-ils apprendre à se redécouvrir mutuellement, en cuisinant ensemble, ou le temps d'un pique-nique ou d'une excursion. Petit à petit, les uns apprivoiseront les autres et ils prendront le temps de se parler, ce dont la précarité les prive tant elle enferme les esprits dans la solitude. Il faut aider de toute urgence les plus démunis et les plus isolés en danger de rupture à rester des parents, capables d'assumer seuls et bien leurs enfants, avant que les institutions ne viennent, lorsqu'il sera trop tard, les leur prendre pour les confier à l'aide sociale à l'enfance, les orientant vers un destin incertain.

Un monde de solitudes

Les gens se sentent désormais bien seuls. Les liens d'hier, familiaux, amicaux, religieux, associatifs voire politiques, ont été dévoyés. Tous ces réseaux d'appartenance quasi obligatoires permettaient d'avoir une existence sociale et d'être en relation permanente avec de multiples personnes, en de nombreux lieux de rencontres : ainsi on allait faire ses courses chez l'épicier ; on le rencontrait à nouveau à la messe ou au mariage du fils d'un ami, etc. Aujourd'hui, chacun a ses relations de travail, sa famille réduite à une petite cellule, ses connaissances avec qui il fait du sport, par exemple, mais la plupart du temps ces différents groupes ne se rencontrent jamais à l'occasion de ces événements rituels qui jadis rythmaient le temps et, malgré leur caractère obligatoire, renforçaient les solidarités.

Pourtant, grâce aux progrès techniques, on peut joindre toute personne de sa famille partout dans le pays par téléphone, et voir à la télévision ce qu'il se passe à l'autre bout de la planète. Mais on ne connaît souvent pas son voisin de palier, chez qui on n'ose pas débarquer à l'improviste pour prendre le café ou emprunter l'ouvre-boîtes qu'on a égaré.

De même, le militantisme politique ou syndical qui permettait de cultiver sa part de rêve a bien disparu de la vie quotidienne. Il ne faut pas sous-estimer la perte de sens qu'a entraînée la fin des idéologies. En vendant L'*Humanité* tous les dimanches, le militant avait l'occasion de rencontrer ceux qu'il appelait ses camarades ; en répondant à l'appel du général de Gaulle, il rejoignait ses compagnons autour d'une certaine idée de la France. Aujourd'hui, il se retrouve bien orphelin, et sa générosité ne rencontre que les hésitations d'une classe politique qui se cherche un nouvel espace et de nouveaux domaines d'action.

À présent, le seul groupe générateur d'identité sociale reste le travail, dernier lieu créateur de lien social ; c'est souvent là que l'on a ses amis, que l'on rencontre son compagnon ou sa compagne. Lorsque l'emploi disparaît, la personne se retrouve totalement isolée, exclue des relations avec tous ses proches. Autrefois, la perte de l'emploi ou du conjoint se vivait comme un moment difficile, accompagné par le groupe d'amis, par la famille, par le syndicat. Mais la période des Trente Glorieuses nous a habitués à un monde où l'embauche était plus ou moins assurée par le progrès économique. Les inégalités entre le monde protégé du secteur public, dans lequel le travail était garanti à vie, et le monde de l'entreprise privée étaient moins visibles qu'aujourd'hui, où toutes les sécurités et les protections apportées par la réussite économique tombent une à une.

De plus, le contenu du travail a évolué. Nous serons bientôt tous amenés à exercer deux ou trois métiers différents tout au long de notre carrière ; or, cela demande une adaptabilité permanente. Au savoir-faire technique, toujours menacé d'obsolescence, il faut ajouter désormais des qualités de remise en question permanente, un excellent relationnel et une forte implication, qualités sur lesquelles l'employeur fera la différence avec un autre collaborateur, en cas de besoin.

Dans un contexte banalisé de recours au licenciement, la personne qui perd son emploi perd en même temps son réseau relationnel quotidien. Or, on s'aperçoit que, pour retrouver un travail, la personne dont les liens familiaux et amicaux sont fragiles verra ses chances réduites, ce qui remet en question l'obligation d'insertion professionnelle attachée au RMI. De plus, tous ceux que l'on a privés injustement de leur emploi et qui se trouvent réduits aux minima sociaux se voient souvent soupçonnés de se complaire dans l'assistanat, alors que l'on sait très bien que, actuellement, passé un certain âge, on ne retrouve plus de travail. De même, comme nous l'avons vu, les jeunes les plus précaires, sans qualification ont du mal à s'insérer dans un monde qui exige la performance et qui n'a que l'embarras du choix.

Quand les gens ont perdu peu à peu tous leurs réseaux, ils ne disposent plus de l'environnement qui permet de tenir le coup dans le parcours du combattant de la recherche d'emploi ; c'est pourquoi il faut les aider à les reconstituer parallèlement à toute démarche de formation et de recherche d'emploi. Mais cela ne peut pas être la mission des institutions qui ne savent répondre qu'en termes de procédures impersonnelles ; seuls les citoyens peuvent entrer dans cette démarche de création de liens et d'ac-

215

compagnement fraternel, qui s'appuie sur la valeur que chacun donne à sa propre humanité.

C'est le rôle que jouent par exemple les bénévoles de l'association fondée par Jean-Baptiste de Foucault[1], Solidarité nouvelle contre le chômage, qui s'engagent à accompagner par binômes une personne en recherche d'emploi durant tout le temps nécessaire : une véritable démarche citoyenne qui évite le découragement et la désocialisation des plus fragiles.

Les samaritains des temps modernes

Il faut mettre en place de nouveaux réseaux de solidarités basés sur l'engagement des citoyens autour de cette valeur trop négligée de notre république qu'est la fraternité.

Autrefois si attentifs à leur voisin, beaucoup de gens se sont désengagés de leurs actions de solidarité, puisque des institutions spécialisées fonctionnant avec l'argent de leurs impôts ont été mises en place pour gérer toutes ces questions : c'est ainsi que le monde des travailleurs sociaux professionnalisés a supplanté l'engagement caritatif. Mais aujourd'hui, on voit bien que les travailleurs sociaux ne suffisent plus, puisqu'il leur manque souvent la dimension de l'accompagnement fraternel : ils exécutent avec une très grande conscience professionnelle leur mission mais se placent quand même dans une perspective de carrière, qui limite forcément leur engagement militant.

C'est pourquoi il est essentiel que les citoyens s'investissent dans le retissage de réseaux de solidarité de proximité. Ils rendront plus efficaces les aides publiques distribuées par des spécialistes qui reçoivent derrière des guichets et ne sauront jamais accomplir, pour tous ceux qu'ils appellent leurs « clients », ces gestes fraternels qui

1. Voir Jean-Baptiste de Foucault et Denis Piveteau, *Une société en quête de sens*, Odile Jacob, 1995.

ne peuvent provenir que du fin fond de chacun d'entre nous. Déjà, de nombreux hommes et femmes de ce pays essaient de tendre la main vers leur prochain, qu'ils perçoivent en détresse de solitude. Ressentant le besoin de participer à un monde plus fraternel, ils ont répondu à l'appel lancé par Xavier Emmanuelli le 12 décembre 1999, à la veille d'entrer dans le IIIe millénaire, en signant symboliquement la Charte des samaritains :

En signant la Charte, les samaritains s'engagent à participer à une action de « reconstruction » sociale, chacun selon sa mesure, chacun selon son temps, et chacun selon son talent.

ARTICLE 1

En devenant samaritain, je vais tenter de changer mon regard sur les personnes exclues, spécialement celles que nous ne regardons plus tant elles nous semblent inscrites dans les décors de nos villes, sur les bancs des métros ou au coin des rues, et qui sont devenues invisibles à nos yeux de citadins. Simplement en leur portant le même regard que celui que je peux porter aux autres, je sais que je les ferai sortir de l'uniformité, du monde sans forme auquel leur statut les condamne.

ARTICLE 2

En devenant samaritain, je vais tenter de changer mon attitude vis-à-vis des personnes qui sont condamnées à vivre dans l'isolement parce que l'abandon affectif et social les y a confinées. Je vais essayer de leur sourire, leur parler, de les considérer pour ce qu'elles sont : des semblables de même rang et de même statut que moi.

ARTICLE 3

En devenant samaritain, je vais tenter de mieux comprendre pour pouvoir mieux lutter contre le phénomène de l'exclusion qui frappe notre société et qui implique une conception renouvelée du lien social, sociétal et affectif.

Je comprends ainsi qu'il s'agit d'aller à la rencontre de mon prochain, et de redécouvrir l'altérité dans un esprit de tolérance et de fraternité.

Des centaines de bénévoles nous ont rejoints au cours du mois de décembre 1999 ; ils se sont soumis aux entretiens de recrutement, ont suivi la formation préparée à leur intention par nos travailleurs sociaux, qui sont leurs « encadrants » sur le terrain. Ils sont issus de toutes les catégories de la société, de toutes les classes d'âge : ils ont en commun la même envie d'être utiles, de comprendre l'évolution de leur société. Toutes les nuits, ils renforcent nos équipes mobiles et celles du 115 puis retournent dans leur vie, avec dans le cœur toutes ces images de la rue et de ces rencontres avec ceux qui vivent dans la souffrance extrême. Ils en sont les témoins auprès du reste de la société. Par leur engagement à nos côtés, ces Samaritains des temps modernes sont le moteur d'une nouvelle société à reconstruire, celle dans laquelle la « société civile » sera, à nos côtés et à son rythme, un outil thérapeutique de plus dans la lutte contre les solitudes.

Un nouveau contrat

Il faut bien dresser ce douloureux constat : les institutions ne répondent plus aux difficultés des individus. En période de chômage massif, coupés des liens sociaux qui autrefois leur permettaient de rester dans leur groupe, ils se retournent vers les institutions susceptibles de les aider. Mais celles-ci ne sont pas faites pour cela. Mises en place pour la plupart dans la période d'après-guerre, elles ne sont pas formatées pour faire face à une telle quantité de personnes demandeuses d'aide.

Elles sont en outre devenues tellement spécialisées qu'elles renvoient les gens d'un guichet à l'autre en fonction des problèmes identifiés : sanitaires, sociaux, de formation ; autant d'institutions distinctes. À l'intérieur même de chaque institution, il y a autant de spécialistes séparés les uns des autres. Il faudrait pouvoir les réformer pour les adapter aux problématiques du quotidien, et c'est justement le rôle des politiques... Or, ceux-ci se contentent de gérer l'urgence beaucoup plus que le long terme, et n'ont pas vraiment le temps d'entreprendre de grandes réformes sociales, parce qu'on leur demande des résultats tout de suite ; ils sont fragilisés par le couperet des sondages qu'ils subissent en permanence.

Nos institutions, sachant bien que les politiques n'ont plus le pouvoir de réforme, font le gros dos en attendant le prochain changement de gouvernement. Les politiques, privés de moyens d'agir, ne livrent plus leurs projets et réagissent au gré des mouvements d'humeur de l'opinion, comme des gestionnaires, ce qui contribue à les éloigner de la réalité des citoyens et de la confiance que ceux-ci leur portaient.

D'ailleurs, quand on parle de la droite ou de la gauche, les gens ne savent plus ce que cela recouvre. Le libéralisme, le gaullisme, le socialisme sont autant de notions devenues obscures, surtout au moment où l'on entre dans l'Europe et où chaque parti politique est obligé de s'adapter à la fois aux règles du jeu communautaire et aux contraintes de la mondialisation.

Ainsi les citoyens se sentent-ils complètement isolés ; ils marquent leur réprobation par un absentéisme massif le jour des élections, ou par des votes provocateurs qui ne correspondent pas forcément à leurs opinions profondes. Cet isolement est encore plus fort quand ils sont dans la précarité et que leurs liens – affectifs, économiques, sociaux, géographiques, culturels – se coupent les uns après les autres. Toutes ces fractures sociales qui traversent la société sont en réalité lourdes de menaces pour notre démocratie. Car ceux qui se sentent acculés peuvent être tentés par des votes extrémistes, au bénéfice de ceux qui ne cherchent qu'à diviser notre pays en s'appropriant la défense des grandes valeurs de la République, tandis que les hommes politiques qui se réclament des courants républicains préfèrent utiliser la langue de bois qui les isole encore plus du peuple. Comment comprendre ces hommes politiques fuyants, que les citoyens ne rencontrent plus que les veilles d'élections et dont ils n'arrivent pas à décoder les engagements ?

Pourtant, il est indispensable dans cette période d'incertitude de connaître les prises de position des hommes et des femmes politiques sur les sujets essentiels de la vie collective. Ils doivent impérativement proposer un nouveau contrat social et dessiner de façon claire la société des années à venir.

Il semble très difficile d'imposer aujourd'hui des valeurs qui semblent d'un autre âge. Pourtant, face aux mutations sociologiques, il faut bien reconstruire cette société autour de valeurs radicalement différentes, en opposition avec celles des années 80, qui valorisaient le gagneur à tout prix, avec l'argent comme icône essentielle. Il faut donc, je crois, aller à la recherche d'un corps de doctrine qui permettra d'abord d'identifier ces valeurs, et de promouvoir en quelque sorte une nouvelle culture. Ne rien faire risque de favoriser le travail de sape d'idéologies nouvelles et dangereuses, qui se réclament d'une spiritualité détournée de sa finalité et qui tentent de servir de lien dans une société où les rapports sociaux sont réduits à l'excès : je veux parler des sectes qui s'infiltrent dans tous les rouages de notre vie quotidienne, et des divers intégrismes religieux qui cherchent à embrigader les plus fragiles de nos jeunes concitoyens, ceux à qui il faut que des hommes politiques porteurs de sens rappellent qu'ils sont les enfants de la France, qu'ils sont nos enfants...

Il est grand temps que les hommes et les femmes politiques proposent aux citoyens un vrai projet de société, qui réconcilie les gens entre eux, leur permette de reconstituer des cercles d'appartenance, et adapte les institutions aux problématiques contemporaines. Quant à nos concitoyens, au lieu d'attendre que l'État providence prévoie tout pour eux, il va bien falloir qu'ils se penchent activement sur leur destinée et, s'ils ne sont pas satisfaits des actions mises en place par ceux qu'ils ont élus, qu'ils s'engagent à leur tour.

En ce qui me concerne, j'ai choisi aujourd'hui d'aller plus loin que l'urgence. Celle-ci est un sauvetage et assure la survie, mais la survie n'est pas la vie ! Et c'est donc une logique de prévention et de reconstruction qu'il faut réaliser de toute urgence. Je ne veux pas d'une société dans laquelle une grande partie de mes concitoyens sont réduits à l'assistanat par un État qui ne sait pas dynamiser l'initiative individuelle et qui rechigne à adapter des institutions dépassées. Je me refuse à accepter la fatalité de la mondialisation que l'on nous présente comme un destin inéluctable. Je veux croire que nous saurons faire face aux nouveaux enjeux de l'économie mondiale tout en veillant d'abord à respecter ce qui fait notre vraie richesse, ce capital humain extraordinaire d'hommes et de femmes, et parmi eux les plus jeunes qui vont construire le monde de demain, mais aussi les anciens qu'il nous faut accompagner, car toute société s'appuie sur son histoire.

C'est parce que je crois fermement que chacun d'entre nous est responsable du devenir de notre société que j'ai décidé de m'engager dans les instances où se prennent les décisions qui décident de notre destin, et ce dans la trace des gaullistes qui ont refusé la fatalité des situations imposées. Il est grand temps que tous les citoyens s'impliquent dans les affaires de la cité et investissent ce champ de la politique, qui ne peut plus continuer à s'exercer en milieu fermé mais doit être ouvert à tous ceux qui veulent œuvrer à l'intérêt commun. Ils doivent prendre la parole et exiger de ceux qu'ils investissent d'un mandat politique qu'ils réalisent les actions pour lesquelles ils ont été élus. Pour cela, ils doivent participer concrètement à la reconstruction de la société, au lieu de se contenter de critiquer les tentatives souvent maladroites d'une classe politique qui se cherche de nouvelles marques. De même, les plus jeunes, qui sont les forces vives de demain et qui se montrent si indifférents, doivent comprendre que leur silence donne raison à ceux qui décident arbitrairement de leur avenir, faute de pouvoir les consulter. La chance de notre génération est d'avoir pu rêver, s'opposer, créer ; pourtant, nous avons globalement légué à nos enfants la peur face à l'avenir, alors que les avancées technologiques n'ont jamais laissé à leur classe d'âge autant de possibilités de « surfer » à travers le monde ; de ce fait, nous les avons rendus moins audacieux, et leur confiance dans les adultes « aux comman-des de la société » s'en est trouvée bien amoindrie. Il est grand temps de les sortir de cette infantilisation prolon-gée dans laquelle notre société influencée par le marke-ting les a isolés, et d'en faire des esprits libres capables de dessiner la France dont ils rêvent à l'heure de l'Europe : notre génération pourrait finir par être à la hau-teur de leurs espoirs et inventer avec eux des réponses fortes aux questions sociales – ou politiques – qui se posent à nous tous. C'est vraiment cela, « vivre ensem-ble », et c'est pourquoi je pense qu'il y a urgence à définir un sens commun...

TABLE

Cet ouvrage a été imprimé par la
SOCIÉTÉ NOUVELLE FIRMIN-DIDOT
(Mesnil-sur-l'Estrée)
pour le compte des Éditions Calmann-Lévy
3, rue Auber, Paris 9ᵉ
en février 2000

Photocomposition Nord Compo
59650 Villeneuve-d'Ascq

Imprimé en France
Dépôt légal : mars 2000
N° d'édition : 12942/01 - N° d'impression : 50282